2016 宁夏大学年鉴

The Annual of
NINGXIA UNIVERSITY

《宁夏大学年鉴》编辑委员会 编

黄河出版传媒集团
宁夏人民出版社

图书在版编目（CIP）数据

宁夏大学年鉴.2016/《宁夏大学年鉴》编辑委员会编.
—银川：宁夏人民出版社，2018.12

ISBN 978-7-227-06998-0

Ⅰ.①宁… Ⅱ.①宁… Ⅲ.①宁夏大学—2016—年鉴
Ⅳ.①G649.284.31-54

中国版本图书馆 CIP 数据核字（2018）第 282328 号

宁夏大学年鉴 2016　　　　　　　《宁夏大学年鉴》编辑委员会　编

责任编辑　周淑芸
责任校对　王　艳
封面设计　张　宁
责任印制　肖　艳

 黄河出版传媒集团
宁夏人民出版社 出版发行

地　　址　宁夏银川市北京东路 139 号出版大厦（750001）
网　　址　http://www.yrpubm.com
网上书店　http://www.hh-book.com
电子信箱　nxrmcbs@126.com
邮购电话　0951-5052104　5052106
经　　销　全国新华书店
印刷装订　宁夏精捷彩色印务有限公司
印刷委托书号　（宁）0011891

开本　880 mm×1230 mm　1/16
印张　12.25　　字数　150 千字
版次　2018 年 12 月第 1 版
印次　2018 年 12 月第 1 次印刷
书号　ISBN 978-7-227-06998-0
定价　38.00 元

◎ 1月20日，自治区副主席姚爱兴来校看望拟赴美国密苏里州立大学访学学生

◎ 1月26日，宁夏大学与美国密苏里州立大学签订合作协议，自治区副主席姚爱兴出席签约仪式

◎ 4月8日,美国驻华大使马克斯·博卡斯(左四)一行到宁夏大学访问

◎ 5月29日,举行"三严三实"专题教育暨动员会

◎ 6月4日,自治区副主席姚爱兴(左二)到宁夏大学中卫校区调研指导工作

◎ 7月1日,召开纪念建党94周年暨党的建设工作表彰大会

◎ 8月3日,自治区主席刘慧一行到宁夏大学中卫校区调研

◎ 8月11日,全国政协副主席、九三学社中央主席、中国科学技术协会主席韩启德(左三)到宁夏大学中卫校区视察

◎ 9月11日,教育部副部长林蕙青(左三)到宁夏大学检查调研

◎ 11月3日,自治区副主席姚爱兴调研宁夏大学创新能力建设

◎ 12月16日，在宁陕对口高校合作协议签约仪式上，宁夏大学与西北农林科技大学、西安电子科技大学签订合作交流框架协议

◎ 12月30日，自治区党委副书记崔波调研高校开设民族宗教理论与政策教育课情况

《宁夏大学年鉴(2016)》特约撰稿人

（按姓氏笔画排序）

马小玲　马　霞　王志刚　冯淑萍　任玉梅　汤　伟

李　园　李嗣䌹　何　苗　张　娇　张　航　张思佳

陈建丽　陈晓芳　周　佩　俞　爱　高正宁　高雪芹

高鹏翔　曹　楠　梁晓瑾　景　丽　雷灵芝　谭亚云

目 录

◆ **党建与思想政治工作**

◆ **学生工作**

◆ **发展规划与学科建设工作**

◆ **人才培养**

◆ 科学研究与社会服务

◆ 人事工作与师资队伍建设

◆ 对外合作交流

◆ 财务与审计

◆ 办学条件保障与后勤服务

◆ 表彰奖励

◆ 大事记

学 校 概 况

The Annual of Ningxia University

宁夏大学是宁夏回族自治区人民政府与教育部共建的综合性大学,国家"211工程"重点建设高校,教育部本科教学工作水平评估优秀等次学校。

宁夏大学始建于1958年。1997年12月,宁夏大学与原宁夏工学院、银川师专(含宁夏教育学院)合并;2002年2月,与宁夏农学院合并,组建了新的宁夏大学,学校坐落在历史悠久、风光秀丽的塞上历史文化名城银川市,校园楼宇林立、花木繁茂、环境幽雅,是读书治学的理想园地。

在50多年的办学历程中,学校不断弘扬"不怕困难,不畏风寒,根深叶茂,本固枝荣"的"沙枣树"精神和一代代宁大人"艰苦创业,负重拼搏"的传统,并勇于创新,开拓进取。学校抢抓西部大开发,省部共建,自治区党委、政府"重点建设宁夏大学"和"努力把宁夏大学办成高水平大学"战略决策等历史性机遇,着力促进内涵发展,提高办学质量,走特色发展之路,整体办学实力显著增强。

学校占地面积2383亩,教学实验农场1695亩。在校教职工2600人。面向28个省、自治区、直辖市招生,截至2015年底,有全日制普通本、专科在校生16000余人,研究生3000余人,少数民族预科生近2600人,在校留学生200余人,成人高等学历教育在籍学生20000余人。公开出版学术期刊4种。1995年成为中国教育和科研计算机网(CERNET)西北地区宁夏主节点。拥有现代化的数字化图书馆和多功能体育馆。

学校设77个本科专业。有1个国家重点学科、1个国家重点(培育)学科、18个自治区重点学科、7个"211工程"重点建设学科、1个"211工程"重点培育学科,5个 ·级学科博士点、26个二级学科博士点、26个一级学科硕士点、163个二级学科

硕士点,8个专业硕士学位授权点。有民族学、水利工程、草学3个博士后科研流动站。设有能源化工、设施农业、生物技术、生态恢复、土建与水利工程、草畜产业等11个自治区院士工作站。现有国家大学生素质教育基地1个、国家级精品课程1门、国家级实验教学示范中心1个、国家级教学团队3个、国家级特色专业8个、双语教学示范课程建设项目1个、国家级大学生创新实验计划200项。

学校专任教师中,高级职称人员占66%,硕士以上学位人员占86%。有"长江学者奖励计划"特聘教授1人,国家"万人计划"哲学社会科学领军人才1人,教育部"长江学者和创新团队发展计划"创新团队1个、培育团队1个。柔性引进院士26人,现有教师中,入选"国家百千万人才工程"第一、二层次7人,入选"国家百千万人才工程"第三层次16人,入选宁夏回族自治区"新世纪313人才工程"28人,1人获国家科技进步二等奖,2人获"国家有突出贡献的中青年专家"称号,2人获"国家级教学名师奖",19人享受"国务院特殊津贴",17人享受"自治区政府特殊津贴",4人被遴选为教育部中文、物理、生物学科教学指导委员会委员,3人入选自治区"塞上英才"工程。

学校拥有一批水平先进、设施完善的实验室和科研基地。有省部级科技创新平台25个,各学科领域实验室93个。能源化工(天然气转化)重点实验室、西北土地退化与生态恢复重点实验室为省部共建国家重点实验室培育基地,宁东基地煤化工资源循环利用实验室为国家地方联合工程实验室,宁夏大学阿拉伯研究中心为教育部区域和国别研究培育基地,西部特色生物资源保护与利

用重点实验室、西北退化生态系统恢复与重建重点实验室为教育部重点实验室，葡萄与葡萄酒工程研究中心、旱区现代农业水资源高效利用工程研究中心为教育部工程研究中心，西夏学研究院为教育部人文社科重点研究基地。

学校始终坚持以人为本，不断提高人才培养质量。强化人才培养的中心地位，出台《关于加强本科生创新精神与创新能力培养的若干意见》，制订实施方案，修订了人才培养方案和课程建设要求。按照"基础扎实，人格健全，有较强的社会适应能力和发展潜力"的目标培养合格人才，确定了"加强基础，突出实践，发展特长，注重创新，分流培养"的教学改革思路，并且通过构建"两个方案"（专业培养方案、人格培养方案）、完善"两个体系"（教学质量保障体系和教学质量监控体系）、打造"三个平台"（课程建设平台、实践能力培养平台、创新能力培养平台）加以实施。学校力求通过努力，使所有本科生以不同方式参与创新精神和创新能力的培养活动，并且使其中30%的学生具备一定的创新能力。

学校科研工作紧密围绕国家和区域重大战略需求，以创新驱动发展为动力，通过体制机制创新盘活各创新要素，注重基础研究，强化应用研究，推进成果转化。"十二五"以来，学校先后承担自治区级以上科研项目1900余项。获自治区科技进步奖23项，宁夏社会科学优秀成果奖106项。学校积极对接地方特色优势产业，以创新校地校企合作模式为途径，以服务社会体制机制创新为驱动，先后与自治区5个市120余家企业建立了全面合作关系，派出百余名科技特派员、专家服务团、"三

区"科技人才和岗位科学家，建立"草畜产业技术创新联盟"等产学研创新联盟。依托重大科技项目，相继应用推广一批技术、装备。

学校坚持走开放办学之路。在创新与上海交通大学对口支援工作模式的基础上，先后与多所国内著名高校结成实质性的交流合作关系。立足于民族区域特色和特色优势学科，与十几个国家的几十所高校及台湾亚洲大学、铭传大学、东海大学结为重点合作伙伴。与阿联酋迪拜大学合作建立海湾地区第一所孔子学院。学校是教育部首批批准的接收外国留学生的高校，是中国政府奖学金来华留学生接收院校、国家汉办/孔子学院总部奖学金生接收院校和国家汉办/孔子学院总部批准的宁夏地区唯一的HSK（汉语水平考试）考点。自1992年招收留学生以来，先后有40多个国家2000多名留学生到校学习。近年来，学校的校友工作有了长足的发展和进步，先后成立了宁夏五市校友会、银川工商企业界校友会、北京校友会、陕西校友会及上海校友会。

近年来，学校先后被评为"全国先进基层党组织""全国高校党的建设和思想政治教育工作先进单位""全国精神文明建设先进单位""全国文明单位"等。

面向未来，学校将进一步坚持"以人为本、科学发展、争创一流、依法治校和综合改革"的原则，推进学校特色发展、创新发展和可持续发展，为把宁夏大学建设成为"区域特色鲜明、服务地方能力较强、西北一流的高水平教学研究型大学"而努力奋斗。

（数据截至2015年12月）

附:

学校基本情况一览表

项　目	数　量
一级学科博士点(个)	5
二级学科博士点(个)	26
一级学科硕士点(个)	26
二级学科硕士点(个)	163
专业硕士学位点(个)	8
本科专业(个)	77
国家重点学科	1
国家重点(培育)学科	1
"211工程"重点建设学科	7
"211工程"重点培育学科	1
自治区级重点学科	18
博士后科研流动站	3
自治区院士工作站	11
国家级精品课程(个)	1
省部级精品课程(个)	63
省部共建国家重点实验室培育基地(个)	2
教育部重点实验室(个)	2
教育部工程研究中心(个)	2
教育部高校人文社科重点研究基地(个)	1
自治区高等学校人文社科重点研究基地(个)	1
自治区工程技术研究中心(个)	5
机构与组织	党群、行政部门(个)	22
	教学单位(个)	26
	科研单位(个)	13
	直属单位(个)	10
	附属单位(个)	2
在校教职工(人)(不含离退休人员)	2600
全日制本、专科在校生(人)	16061
研究生在校生(人)(不含在职)	2624
民族预科教育在校生(人)	2553
教学科研仪器设备总值(万元)	41511
定期公开出版的专业刊物(种)	4
校园占地面积(亩)	2383
校舍建筑面积(万平方米)	76

专 题 特 载

The Annual of Ningxia University

在国防生培养工作座谈会
暨年度领导小组例会上的讲话

校长 何建国

（2015 年 1 月 15 日）

同志们：

学校召开这次会议，专题研究国防生培养工作，主题集中，内容丰富，研究深入，开得很及时，效果非常好。兰州军区选培办雷凌峰主任莅会指导，站在全局的高度对国防生培养工作提出明确要求，听后很受启发。我相信，大家进一步统一思想、狠抓落实，一定能在新的起点上推动我校国防生培养工作又好又快健康发展。下面，我代表校党委、行政讲三点意见。

一、通过军地各级共同努力，十年来我校国防生培养工作成效显著

自 2004 年与兰州军区签约以来，军地双方以高度的政治责任感和使命感，密切配合，扎实工作，协力推进，取得了丰硕的实践经验和育人成果，主要体现在：

（一）国防生培养的良好工作格局初步形成

学校认真贯彻落实党中央、国务院、军委总部和两级军区关于依托普通高等教育培养军事人才的决策部署，成立国防生培养工作领导小组，加强统筹协调和具体指导。学校现已发展至 11 个国防生培养任务学院，涉及的 16 个专业，或是学校的优势特色专业，或是部队的急需紧缺专业，十年来

累计招收选拔国防生 1069 名，每年向部队输送合格军官近百名。经过各方不懈努力，我校依托培养职能进一步强化，军政基础训练进一步规范，研究创新工作进一步改进，国防生培养工作呈现出持续发展的良好势头，一种合力育才的工作格局已经初步形成。

（二）国防生教育管理制度和工作机制基本建立

学校非常重视国防生培养工作，将其纳入学校党委、行政的重要议事日程，在研究部署工作、编制经费预算、讨论发展规划时，把国防生培养工作摆到与教学、科研同等位置，坚持同步考虑、同等对待、同时实施。目前，围绕国防生招生、选拔、分配、管理等环节，军地各有关方面制定出台 20 多项配套规章制度，形成了基本完备的国防生教育教学制度和日常管理规范。这次提交会议研究审议关于国防生培养的 3 份文件征求意见稿，必将有利于进一步规范和加强我校国防生培养的体系化、制度化建设。

（三）国防生选拔培养能力不断提高

十年来，学校认真遵循和把握国防生培养的特点规律，积极探索育人思路，不断拓展方法手

段,确保国防生培养目标任务与军校任职培训无缝衔接、与部队需求紧密契合。在招生方面,严格按照招收选拔的标准、条件和程序,坚持"好中选优,确保质量"的原则,从报考到录取等多个环节把好生源质量关。近年来,报考我校国防生的学生数量、质量逐年上升,就去年招生情况看,本省区报考国防生的上线人数是投放指标的 2.5 倍,最低录取分数高出控制线 20 分左右。在培养方面,按照专业知识、军政素质并举的要求,科学制订教学计划,精心组织教学实施,扎实开展军政训练,逐步形成以"砺志铸魂,砺学增智,砺剑强能,砺形塑身"为核心的"宁大国防生培养模式"。在保障方面,优先安排、重点保证国防生培养工作,提供有力的政策支持、良好的学习条件和完善的训练设施,使我校国防生培养的质量效益不断提升。

(四)国防生培养工作成效逐步显现

我校国防生培养工作开展十年来,从无到有,从小到大,不断完善,已显现出勃勃生机。一是严格的军政训练、优良传统的熏陶,使国防生成为朝气蓬勃、意气风发的新群体,给学校注入新的活力,带来新的气象。在校国防生中党员、学生干部和三好学生比例达到 92%,起到了很好的先锋模范作用。二是对国防生的教育管理方法和手段,拓宽学校教育管理的新途径,使得各项工作尤其是国防教育和学生军训工作更加具有针对性和实效性。三是搭建宁大和部队深层次合作的平台,通过国防生培养工作,进一步加深军地双方的联系和沟通,形成高校与国防和军队建设互促发展的双赢局面。四是为部队输送了大批合格军事人才,根据部队调研的情况看,已毕业的 729 名国防生绝大多数热爱本职、胜任岗位,1/3 立功受奖,逐渐成为部队建设各个领域的重要力量。

二、深入学习领会上级政策精神,充分认清做好新时期国防生培养工作的重要意义

党的十八大和十八届三中、四中全会明确提出"加强军民融合式发展战略规划、体制机制建设、法规建设""深化教育领域综合改革"和"全面推进依法治国基本方略"的战略构想,进一步为做好教育、人才领域各项工作指明了方向,提出了新的更高要求。需要我们切实统一思想认识,进一步认清新时期国防生培养工作的重要地位和作用。

(一)做好新时期国防生培养工作关系到国防和军队现代化建设

当前,军队正处于信息化建设的关键阶段和全面深化改革的"深水区",高素质人才特别是信息化人才,已成为加速推进国防和军队现代化建设进程的决定因素。普通高校在培养人才的科技素质方面具有很大潜力和优势,依托高等教育培养高素质军事人才,是推进军队人才建设和改革转型的重要途径。我们一定要把这项工作当成一项紧迫的政治和战略任务,扎实做好新时期国防生培养工作,把最优秀的人才源源不断地输送到部队,这是我们的光荣责任和神圣使命。

(二)做好新时期国防生培养工作关系到党的教育方针的贯彻执行

培养什么人的问题,是教育的首要问题。全面贯彻党的教育方针,坚持教育要为社会主义事业培育优秀的建设者和可靠的接班人。军队则是社会主义事业的坚强后盾。按照军委总部的规划,以后军队成长干部很大一部分要通过依托培养来补充。从这个意义上讲,普通高校承担的国防生培养工作将直接关系到军队的未来。因此,为军队培养好高素质军事人才,是高等教育为社会主义现代化服务的重要内容,是体现高等教育核心价值的重要方式。同时,做好国防生工作还会在校园内形成良好的正面导向和积极向上的风气,让更多学

生受到教育、影响和感染。

(三)做好新时期国防生培养工作关系到当前学校人才培养质量的提高

党的十八届三中全会进一步明确高等教育今后一个时期的核心和重点是深化教育领域综合改革、提高人才培养质量。人才培养质量的标准是什么?就是要满足社会发展对人才的需要。做好国防生培养工作,就是要满足部队对高素质军事人才的需要,这就要求我们充分了解部队人才需求,深入把握军事人才的知识结构、专业素质要求,探索与之相适应的人才培养模式。国防生工作做好了,我们可以把国防生培养工作中积累的经验提炼升华为新形势下抓好人才培养的一般规律,可以推广、延伸到更宽广的人才培养领域,从而带动人才培养工作整体提高水平、提高质量。

(四)做好新时期国防生培养工作关系到学校能否抓住机遇实现可持续发展

新的历史条件下,高校与军队在人才培养、联合科研攻关、科技成果转化等很多方面有着很大的合作空间。事实上,开展国防生培养的学校已抢占了先机,能否进一步开展合作,关键就在于能否把国防生培养工作做好。总部《国防生条例》《普通高等院校国防生军政训练与考核大纲》正在酝酿出台,尤其是今年兰州军区依托我校进行先行试点,对我们来说是难得的机遇。因此,必须紧紧把握好契机,通过国防生培养工作扩大交流与合作,促进军地融合、军民融合,为增强我校办学实力和实现持续发展注入新的生机与活力。

三、以强军目标为指导,进一步推动国防生培养工作深入发展

"能打仗,打胜仗"这个强军目标,是习主席向全军发出的强军兴军动员令,也是高标准抓好国防生培养工作的行动纲领。做好国防生培养工作,必须以强军目标为引领,以国防生培养系列政策

文件为根本遵循,健全制度机制,整合优质资源,充分调动各方面的积极性,不断推动我校国防生培养工作跨台阶、上水平。

(一)加强组织领导,在推进国防生培养制度建设上有新进展

在这方面个别成员单位还存在职能定位不清晰、认识不够到位的问题,有的认为这项工作是校党委、行政或是选培办的责任,甚至认为是额外负担。对此,各级各部门必须从军队人才建设和学校长远发展的大局着眼,把加强国防生培养作为重要工作和应尽职责,纳入学校事业发展和学院建设的远景规划,确立为军队培养人才的优先地位。要坚强组织领导,切实把我校国防生培养工作作为"一把手工程",相关职能部门、管理人员和国防生培养任务学院要正确找准定位、理顺关系、明晰职责,强化沟通协作和责任分工,确保各项工作落到实处。国防生培养成员单位要为选培办开展工作提供良好的条件,积极协调和解决工作中遇到的各方面矛盾困难,同时要合理安排好开展国防生教育活动的各项保障。要加强规章制度的系统性建设,按照军委总部和兰州军区有关政策文件规定,紧密结合学校实际,建立和完善有利于国防生成长成才、上下有机衔接的规章制度体系。讲到这里,我着重强调一下征求三份文件讨论意见的问题:一是要提高思想认识,各成员单位要认真组织本级人员研究讨论,提出科学合理的意见建议,严格按照时间节点高质量上报讨论后的修改意见,选培办做好收集汇总和后续的修改完善工作;二是要科学计划统筹,三份文件征求意见稿既有继承以往成功经验需要我们继续巩固和加强的,也有借鉴兄弟签约高校成功做法需要我们不断论证和完善的,讨论时要准确把握三份文件的主题要义和目标任务,不能偏纲走调、脱离实际;三是要勇于破解难题,三份文件征求意见稿中的部分

内容有一些超前设想和创新，需要我们切实更新培养观念、加强工作指导、改进方法手段,抓紧拿出可行的措施办法。

(二)坚持质量标准,在多层次多形式合力育才上有新举措

目前,经过第一轮签约高校精简整编,我校培养资格得以继续保留,国防生培养工作已经发展到稳步推进、快速提升的关键阶段,工作重点就要转到再深入一步、把工作的着力点放在提高质量和效益上。因此,要遵循发展规律,落实会议决策,一项一项在具体工作上求深入、有突破。第一,要在思想观念上深入。要强化依靠各方面力量合力育人的观念,学校各职能部门、学院和选培办要主动沟通交流、搞好协调,以积极的姿态赢得各方面的理解支持和配合,争取工作主动,实现各司其职、分工合作的长效机制。要切实抓好统筹协调,加强工作指导和设计,区分不同层次、不同进度和轻重缓急,把在校培养、基地训练和见习锻炼等各个环节的工作统起来抓。这次会议明确要抓的国防生骨干配备、党团建设等多项重点工作,涉及各个层次、多个单位,光靠哪一家是难以做好的,需要上下密切配合,统筹抓好落实。要防止和克服满足于已经取得的成绩,停留在过去干得好的层面,充分认清与上级要求、与兄弟单位的差距,进一步理清新思路,拿出新举措,始终保持争一流、创佳绩的氛围和劲头。第二,要在抓工作落实上深入。要以昂扬的精神状态、很高的工作标准,在抓落实、抓具体、抓到位上狠下功夫。要突出思想政治教育这个核心,既要打牢立身做人的素质基础,又要夯实献身国防的思想根基,不断拓展政治教育的方法手段,通过典型引导、环境熏陶、行为规范多种途径,增强政治教育的时代性感召力。要统筹好科学文化学习和军政训练的关系,明确培养目的和初衷,把握培养特点和规律,既不放松训练,

也不提不切实际的要求和措施,做到"学文""习武"两手抓、双提高。要注重提高第一任职能力,国防生到部队任职首先过的是"基层关",在教育国防生从基层干起的同时,既要重基础,加强基本军事技能、体能、军人气质及指挥方法的训练;也要重实践,创造接触基层生活、接触实际工作的机会;还要重综合,抓好国防生情感、意志以及思维、处事方法等无形的训练,不断提高国防生岗位任职的过硬本领。要深入细致地做好试点工作和基础设施建设两项紧要任务,要按照试点有关要求,抓紧把工作往前赶、往细抠、往实做,全方位、高标准做好软件资料、特色课目等各个方面的准备,确保试点工作圆满顺利、取得实效;要严把质量关,认真组织综合训练场、国防生大楼和"国防生之家"三项工程建设,做好财务审计和工程质量监督,确保如期、保质、安全地交付使用。

(三)探索特点规律,在研究解决国防生培养新情况新问题上有新突破

新时期,国防生培养的新情况新问题不断涌现,必须要注重探索和把握特点规律,在继承发展、研究创新、化解矛盾中促进我校国防生培养工作不断提升。一是要坚持继承和发展原有的经验成果。前面,王副校长全面回顾总结了十年培养工作的总体情况,能看到,我校国防生培养工作有很多亮点,比如公寓党支部建设,成立自治区应急血液救援队,组建军事爱好者协会等等。对于这些经验成果,既要坚持继承,又要注重发展。这次我们提出的"四砺"工程,以及其他关于国防生培养工作方面的基本思路,就是总结十年培养经验和根据形势任务发展变化提出来的。我们把这些工作抓好了、落实到位了,本意就是继承,就是创新和突破。二是要善于研究解决深层次矛盾问题。当前,影响和制约我校国防生培养工作深入发展的矛盾和问题还很多,比如管理体制机制还不完善、

职责任务分工还不明确、抓工作落实的贯彻力执行力还不够强等问题。随着国防生培养工作不断推进,还会有新的问题不断涌现,这就需要我们身处一线的同志摒弃等靠思想,发挥自身优势,加强主动研究,不断破解矛盾问题、寻求深入发展。三是要在创新培养机制上主动作为。要加强国防生培养工作队伍建设,建立起较高质量、相对稳定、数量充足的师资队伍。要及时论证和完善国防生骨干轮换及配备办法,积极探索和实践军事体育课开设、国防生直属团委建设等有关问题。要进一步建立和完善国防生入口优选、科学训练、奖惩激励和接续培养4类机制,确保国防生培养的质量效益。这次会议结束后,我们要结合学习贯彻会议精神,对有关成员单位好的成功做法认真研究梳理,充实到三份文件中,以规章制度的形式确立下来,不断推动国防生培养工作深入发展。

在宁夏大学纪念建党 94 周年暨党的
建设工作表彰大会上的讲话

校党委书记　金能明

（2015 年 7 月 1 日）

同志们：

今天，我们在这里隆重集会，庆祝中国共产党成立 94 周年。大会表彰了一批先进党组织和优秀共产党员、优秀党务工作者，在此，我代表校党委向受到表彰的党组织和个人表示衷心的祝贺！向全校在职的共产党员、党务工作者及离退休的老党员、老同志、老领导表示亲切的慰问！

刚才进行的新党员入党宣誓仪式，使我们重温了入党誓词，共同受到了一次党性教育。希望今天受表彰的先进集体、先进个人珍惜荣誉、再接再厉！希望全校党组织和共产党员学习先进、赶超先进！

中国共产党已经走过了 94 年的光辉历程。94 年来，我们党从弱到强，带领全国各族人民赢得了新民主主义革命的伟大胜利，经过社会主义建设、改革开放，开创了中国特色社会主义道路。94 年来，我们党始终坚持把马克思主义与中国革命、建设、改革实践相结合，创立了中国特色社会主义理论。党的十八大以来，以习近平同志为总书记的新一代中央领导集体，以前所未有的决心、勇气和魄力，全面加强党的建设，转变工作作风，推进各项改革，提出"四个全面"战略布局，开启了实现中华民族伟大复兴中国梦的新篇章。

借此机会，我代表校党委讲三个方面的工作。

一、两年来我校党建工作回顾

2013 年以来，党中央站在全面从严治党的战略高度，先后开展了党的群众路线教育实践活动，"守纪律，讲规矩"主题教育活动，今年 4 月全面启动"三严三实"专题教育，全面加强党的建设。宁夏大学党委按照党中央、自治区党委的统一部署，精心安排，狠抓落实，扎实推进各项教育活动的开展，取得明显成效。在党的群众路线教育实践活动中聚焦班子建设、聚焦教风学风、聚焦师生关心的实际问题。坚持反对"四风"，加强作风建设；坚持问题导向，解决突出问题。活动中精简会议 25%，精简文件 10%，评比达标项目减少 33%，管理人员因公出国人数减少 66%；清理腾空行政办公用房面积 4300 平方米。在教育实践活动中加强党风廉政建设，关注改善民生，健全规章制度，达到预期效果。"守纪律，讲规矩"主题教育活动紧扣主题，上下同步，进一步增强了广大党员干部的政治意识、纪律意识、规矩意识和服务意识。下一步，随着"三严三实"专题教育的深入推进，必将使广大党员干部在党性修养与工作作风上有明显提高。

两年来，我校党的建设始终围绕学校中心工

作开展。校党委以教师和学生为主体,以加强基层党组织建设为支撑,注重党建工作的顶层设计、特色凝练,不断提高党建工作科学化水平,促进了学校各项事业的发展。

在加强基层党组织建设方面,校党委注重巩固基础与突出特色相结合,党的基层组织建设得到全面加强。在16个学院中开展了党组织换届和成立学院党委工作,及时健全学院党委工作机制,实现党的建设工作重心下移。做好基层服务型党组织创建试点工作。实施学生党员服务网络工程和教师党员师德教风提升服务工程。创建宁夏大学党建网、宁夏大学党建微信平台、党务干部微信群,开展大量各类特色服务活动,创新师德教风建设机制,取得了初步的效果。

在教职工党建方面,积极创新思路,全面实施"育人楷模工程"。出台了《关于加强教职工党建工作的实施意见》,加强顶层设计,明确主题,分解任务,制订师德教风考评指标,推进师德教风建设。注重加强在青年教师和"两高"人员中发展党员,不断提高教职工发展党员质量。目前,我校共有教职工党员2319名(含离退休党员),其中在职教职工党员1607名,占在职教职工总数的61.2%。

在学生党建方面,深入实施党建"金种子工程",建立全面系统的党建育人工作体系,提高了学生党建工作的系统性和针对性。重点抓好三方面的工作。一是严格标准,保证质量,抓好学生党员队伍建设。认真贯彻党员发展新条例要求,以成立学院党委为契机,全面下放发展党员审批权,配套出台相关制度,分工明确,权责统一,切实保证发展党员质量。目前,全校共有学生党员2017名,占学生总数的10.5%。二是发挥党建示范点辐射带动作用,促进党组织规范化建设。积极推进党建示范点评选工作,形成以点带面的党建工作格局,目前,学校有5个自治区级党建示范点,5个校级

党建示范点。三是以党建"金种子工程"为引领,开展毕业生党员献爱心等丰富多彩的党建教育实践活动,充分发挥实践育人作用。

在党员教育培训方面,逐步完善体制机制,不断提升培训质量。出台了《关于进一步加强和改进学校党校建设的意见》和党校工作规程,进一步明确了党校的组织机构、定位和培训目标。组织开展首批精品党课暨党课名师评选活动,初步实现网上党课课件和视频资料的共享。建立入党积极分子、发展对象、预备党员及正式党员分层培训教育体系,建立两个党员校外教育实践基地。加大党务干部培训力度,建设起一支素质过硬,业务精通的党务工作队伍。

在党风廉政建设方面,坚持从严要求,不断创新机制,推进党风廉政建设工作深入开展。校党委认真落实主体责任,校纪委切实发挥监督职能,坚持标本兼治、综合治理、惩防并举、注重预防的方针,通过开展形式多样、内容丰富的廉政教育,建立健全一系列监督制约制度,强化监督和查处力度,营造"不敢腐"的高压态势,扎紧"不能腐"的制度笼子,筑牢"不想腐"的思想防线。2013年以来,校纪委在校内约谈、诫勉谈话、给予党政纪处分、组织处理共14人次。

在看到我校党建工作取得成绩的同时,也要清醒地认识到我校党建工作中存在的问题,特别是在党的群众路线教育实践活动和自治区党委第二巡视组巡视反馈意见中所暴露出的一些突出问题,必须引起我们的高度重视。主要是:校党委落实党风廉政建设主体责任,领导班子成员履行"一岗双责",校纪委落实"三转"要求还不够到位;在贯彻落实党委领导下的校长负责制和民主集中制中,党政班子和班子成员还存在认识不到位、制度不健全的现象;党组织的政治核心、保证监督和战斗堡垒作用发挥不够;干部队伍中还存在着不团

结、不作为、不担当,安于现状、精神不振、作风不实、执行力不强的问题,在个别干部身上还比较突出。党管人才工作有待改进,依法治校有待加强,建设优良教风学风任重道远。这都要求我们必须从全局和战略高度充分认识加强和改进学校党的建设的重要性和紧迫性,切实提高党建工作的科学化水平,全面增强学校各级党组织和党员干部队伍的凝聚力、战斗力和创造力,为加快学校内涵发展和质量提升提供坚强的政治保证。

二、新形势新要求对我校党的建设提出的新任务

党中央提出的"四个全面"战略布局中,全面从严治党是重要组成部分。党中央坚持党要管党、从严治党方针,采取有力措施,党的建设取得一系列重要成果。习近平总书记在第23次全国高校党的建设工作会议上指出,加强党对高校的领导,加强和改进高校党的建设,是办好中国特色社会主义大学的根本保证。面对新形势、新要求,要坚持全面从严治党,充分发挥校党委的领导核心作用、基层党组织的战斗堡垒作用和广大共产党员的先锋模范作用,为学校的建设和发展提供强有力的思想、政治、组织保障。凝聚全校师生员工的意志、智慧和力量,推动学校发展。要把加强和改进党的建设作为统揽全局的首要任务,切实抓紧抓好,做到四个从严:

(一)思想建设从严

认真贯彻党的十八大、十八届三中、四中全会精神,深入学习领会习近平总书记系列重要讲话精神、"四个全面"战略布局,学习把握现代大学教育理念和规律。领导干部要带头学习,结合自己思想实际学,结合学校发展实际学。通过理论学习,进一步解放思想,更新观念,开阔视野,研究和解决事关学校改革发展全局的重大问题,推进学校的改革与发展。

(二)组织建设从严

要巩固基层服务型党组织建设成果,以开展星级基层服务型党组织创建活动为契机,明确组织创建目标和任务,创新机制和方法,通过制定科学合理的星级考核标准,建立动态的管理机制,进一步激发基层党组织活力。

(三)作风建设从严

正在开展的"三严三实"专题教育是党中央的重大部署,是党的群众路线教育实践活动的深化和延续。全面推进"三严三实"专题教育,在讲好专题党课的基础上,下一步要抓好学习研讨、民主生活会、整改落实和立规执纪。在具体工作中要把握好几个重点。一是领导带头,率先垂范。要重点抓好领导干部的专题教育,特别是一把手要带头学习提高,带头查摆问题,做到以上率下,示范带动;二是找准问题,对症下药。要深入学习"三严三实"科学内涵,将自己摆进去,深刻剖析理想信念动摇、宗旨意识淡薄、党性修养缺失和谋事、创业、做人不实的突出问题,抓好整改;三是注重实效,推动工作。要把专题教育与做好学校及本单位当前改革发展稳定的各项工作结合起来,与完成本单位重点工作任务结合起来,做到专题教育与日常工作的有机融合、相互促进。

(四)党风廉政建设从严

要全面落实校党委在党风廉政建设、反腐败工作中的主体责任和校纪委的监督责任。把党要管党、从严治党的要求落实到各项工作中去。各级党组织要切实承担起抓党风廉政建设的主体责任,主要负责人要认真履行好第一责任人职责,班子其他成员按照"一岗双责"要求抓好党风廉政建设工作。要进一步加强重点领域和关键环节的监督,对违规违纪问题严肃处理。要加强对党员干部的教育管理,持之以恒抓好中央八项规定精神和自治区若干规定的落实,坚持不懈纠正"四风",形成作风建设常态化机制。进一步加大纪律审查力度,始终保持惩治腐败的高压态势。

三、今后几项重点工作

结合学校实际,今后一段时期,校党委将重点加强以下五个方面的工作

(一)坚持党委领导下的校长负责制,建设高素质领导班子和干部队伍

中办印发的《坚持和完善普通高等学校党委领导下的校长负责制的实施意见》,是党中央推进中国特色现代大学制度建设的重要举措,对于在新形势下加强和改进党对高校的领导,完善高校内部治理结构,促进高校科学发展十分重要。坚持和完善党委领导下的校长负责制,"党委领导"是核心,"校长负责"是关键,"教授治学"是根本,"民主管理"是基础。贯彻落实的关键,一要搞好班子团结。我们的各级领导班子,都要做到团结、信任、理解、支持,维护好我们班子的团结,努力创造干事创业的良好氛围,真正把心思精力用在工作上,凝心聚力推动各项工作。二要认真贯彻执行民主集中制,坚持"集体领导、民主集中、个别酝酿、会议决定"的原则,对事关学校改革发展稳定的重大问题、重要事项,必须严格履行程序,由领导班子集体讨论作出决定。三要分工协作,形成合力。要充分发挥班子整体功能,党政领导班子齐心协力,各负其责;领导班子成员分工协作,各司其职。要努力营造风清气正、干事创业的良好环境和氛围。

干部队伍素质如何直接关系到我们事业发展的成败。要认真落实干部选拔任用新条例,按照"信念坚定、为民服务、勤政务实、敢于担当、清正廉洁"的好干部标准选用好干部。要进一步提振干部的精神状态,激发干部干事创业的激情活力,营造敢于担当、奋发有为的良好工作氛围;要进一步扩大选人用人胸怀和视野,采取多种措施,把好选人入口关,把那些忠诚、干净、担当,想干事、能干事、干成事、不出事的干部选出来、用起来。要严格干部日常教育管理和监督,让干部通过各类教

育培训、挂职锻炼、轮岗交流等多种形式,牢固树立大局意识,增强工作责任心,切实提高工作执行力。要建立科学的考核评价体系,按照中共中央《关于推进领导干部能上能下的若干规定(试行)》的要求,通过督查、巡视、考核、群众评议、追责问责等多种手段,对政治上不守规矩、廉洁上不干净、工作上不作为不担当或能力不够、作风不实的领导干部坚决进行组织调整。保证能者上、庸者下、劣者汰,形成良好的用人导向和制度环境。

(二)坚持党管人才原则,建设高水平师资队伍

人才问题,始终是高等学校改革发展的核心问题。坚持党管人才原则是学校人才工作正确方向的根本保证;履行稳才增才职责是校院两级党委(党总支)的重要工作,也是检验党建工作成效的重要指标。党管人才不是包办一切,重点是管宏观、管政策、管协调、管服务。重点做好制定政策、整合力量、营造环境的工作。党委要加强对人才工作的统一领导,在全校树立人才第一的观念。我区自然条件相对艰苦,教育、科技水平相对落后,同时,我校已经成为自治区人才聚集的高地,这就要求我们首先要稳定和使用好现有人才,最大限度发挥现有人才的潜力。其次,要大胆解放思想,打造平台、创造条件,争取自治区领军人才培养工程、急需紧缺人才引进工程等项目支持,下决心引进高水平学科领军人才。对高端人才、特殊人才要给予特殊支持,开通绿色通道。各级党组织和领导干部都要有惜才之心、容才之量、爱才之举,像爱护眼睛一样爱护人才。全校上下通过长期不懈努力,努力拥有一支数量充足、结构合理、创新能力较强的高水平师资队伍。

(三)坚持教学中心地位,建设优良教风学风

要落实中央《关于进一步加强和改进新形势下高校宣传思想工作的意见》和自治区政府《关于加快推进高等教育改革和发展的意见》精神,紧

紧围绕自治区经济社会发展需要，以立德树人为根本，提高教师队伍思想素质，创新人才培养机制，保证人才培养质量。要突出教学特别是本科教学工作的中心地位，坚持从严治校、从严治教、从严治学，引导教师变"教学"为"导学"，学生变"听学"为"研学"，努力营造"教师爱教、学生乐学"的优良教风学风。要充分发挥教师的育人作用，落实高校教师职业道德规范，改革教师评价体系，通过完善职称评聘、绩效考核、评先选优等政策标准，努力建设一支政治坚定、品德高尚、爱岗敬业、教书育人、无私奉献的教师队伍，不断提高教师的思想政治素质和职业道德水平，形成优良的教风。要坚持人才培养的正确方向，引导学生践行社会主义核心价值观，倡导学生追求真理，崇尚科学，勤奋求学，培养学生的问题意识、批判思维和创新意识，提高学生自主学习的能力，形成优良的学风。

（四）全面深化改革，推动学校事业发展

发展始终是第一要务，改革是发展的强大动力。深化改革、谋划发展是各级党组织主要负责人的第一责任，校、院两级党组织要把深化改革、推动发展落实到党的建设工作中。作为一所地方"211工程"高校，我们发展的底子较薄，与先进省区高校的差距较大，这就要求我们要全面深化改革，在深化改革中解决发展中的实际问题，推动各项事业跨越发展、持续发展、科学发展。中央、教育部和自治区党委已就高等教育深化综合改革做出统一部署，我们必须加快推进落实。要通过改革，坚决革除办学体制和校内管理体制的一些弊端，优化资源配置，挖掘办学潜力，激发办学活力。要转变人才培养模式，按照多样化、高质量的人才需求，着力培养应用技术型创新人才；要推动人事管理制度改革，健全各类人才队伍管理机制，构建科学公正的人才评价机制，让优秀拔尖人才脱颖而出；要完善科研管理体制，注重科研平台和科研创新团队建设，优化科研组织管理模式和运行机制，强化科技成果转化，加强产学研合作，努力提高科研和服务地方的能力和水平；要推进后勤综合改革，进一步规范后勤管理机制，强化后勤服务职能，切实提高后勤服务保障能力和水平。

在学校"十三五"事业发展规划制定中，要与国家"一带一路"发展战略、中西部高等教育振兴计划、自治区"两区"建设相结合，要始终贯穿改革的精神。校党委要加强对校内综合改革的统筹规划和顶层设计，管宏观、把方向、出政策，谋划好学校未来发展。学院党委（党总支）和机关部门要结合基层及工作领域实际，适应师生需求，精心谋划组织，大胆探索，先行先试。

（五）坚持依法治校，提升整体办学水平

《宁夏大学章程》（以下简称"章程"）已经正式获批并颁布，《章程》对学校的办学理念、发展定位、内部治理结构、运行机制等有了明确规定。要通过开展《章程》落实年活动，学习宣传好《章程》，执行好《章程》，确立《章程》的权威地位。要按照"党委领导、校长负责、教授治学、民主管理"的原则，推进中国特色现代大学制度建设，深化学校管理体制与运行机制改革。《章程》要"落地"，配套制度要跟上。要全面梳理、健全完善人才培养、学科建设、教学管理、科研管理、学生管理等方面的制度，通过建章立制，形成相互衔接、运行高效、较为完备的制度体系，全面提升依法治校水平。

同志们，学校各项事业能否健康发展，党的建设是关键。党的建设工作成效如何也要用事业的发展来检验。让我们在自治区党委的统一领导下，全校上下振奋精神、凝聚力量、团结奋进，全面推进我校党的建设不断创新发展，在学校建设发展新的征程中再作新贡献，再创新业绩。

谢谢大家！

勇于创新　积极作为
不断开创群团工作新局面

——在自治区群团工作会议上的发言

校长　何建国

（2015 年 8 月 20 日）

一直以来，宁夏大学始终坚持将群团工作放在重要位置，按照"面向师生，贴近师生，引导师生，服务师生"的理念，不断推动学校群团工作取得新突破、实现新发展，为学校各项事业健康有序快速发展凝聚强大推力。

一、高度重视，全力支持，自上而下引领群团组织发挥作用

学校高度重视群团工作，按照"领导重视、理念引领、政策倾斜、经费保障"的原则，积极探索和发展群团组织在推动全员育人、维护师生利益、构建和谐校园、加强学风校风教风建设等方面的独特作用，使群团工作能够更好地围绕中心、服务大局，更好地凝聚推动发展的正能量，更好地当好桥梁和纽带。

每年年初，学校党委常委会都要听取群团工作汇报，确定年度工作重点；成立群团工作领导协调小组，定期专题研究群团工作，及时协调解决实际问题；将群团组织建设纳入现代大学制度建设的重要内容，积极引导群团组织参与学校民主管理；注重加强制度建设和经费保障，推动群团组织可持续发展。

二、服务至上，凝聚合力，助推学校各项事业又好又快发展

学校各级各类群团组织始终坚守"服务至上"的工作理念，始终坚持"密切联系师生"的工作作风，始终坚定"凝心聚力"的工作目标，不断创新，持续前行，为学校各项事业又好又快发展提供了强有力的支持。

（一）坚持"四个统一"，着力推动工会工作持续发展

坚持党政主导性与工会主动性相统一，促进学校发展与维护教职工权益相统一，统筹兼顾与突出重点相统一，参与学校事务与搞好工会自身建设相统一，努力使工会成为全校教职工的"娘家人""代言人"。

学校工会不断完善教代会制度，大力推进二级教代会建设，制定《宁夏大学教职工代表大会实施细则》《宁夏大学二级教职工代表大会实施办法》。目前，全校已有 17 个单位建立了二级教代会制度；出台《宁夏大学关于加强师德建设实施意见》《宁夏大学师德建设先进单位、师德标兵评选办法》，坚持评选和树立一批先进典型，教育引导全校教职工爱岗敬业、立德树人；设立"宁夏大学

教职工爱心捐助基金",建立健全"特困"职工家庭档案,为教职工排忧解难;坚持组织教职工暑期疗休养和定期体检,建立多个体育、文化协会,大力开展丰富多彩的群众性文化体育活动,增强教职工向心力和凝聚力。

2013年,校工会被全国教科文卫体工会授予"模范职工之家"荣誉称号。

(二)坚持"五个立足",着力推动共青团工作有力发展

我校共青团工作坚持立足思想引领,使社会主义核心价值观在青年师生中根植于心、外化于行;立足校园文化建设,充分发挥团组织在繁荣校园文化中的主力军作用;立足科技创新,增强青年师生创新创业意识和能力;立足社会实践,让青年师生在实践中悟民生、接地气、长才干;立足志愿服务,助力和谐社会建设,努力使团组织成为青年师生成长成才的"合伙人""领路人"。

校党委坚持党建带团建,做好顶层设计,为团组织建设提供大力支持;各级团组织每年开设"青马工程"、少数民族学生骨干和团学骨干培训班,累计培训学生骨干3200余人;通过开展校园文化系列品牌活动,极大丰富了青年师生校园文化生活。2014年,我校被团中央列入全国10所"三走"活动试点高校,校团委设计开展了82项活动,得到团中央的充分肯定;积极组织参与"挑战杯"大赛和各类大学生创新创业竞赛,为青年师生创新创业搭建了平台,累计荣获各级各类奖项170余项;围绕国家、自治区经济社会发展,积极组织学生参加社会实践,充分发挥实践育人功能,实践地点辐射区内20余个市县,服务基层群众达7万余人;积极参与"中阿博览会"等区、市、县各类志愿服务工作。全校累计注册志愿者5万余人,每年参与志愿服务2万余人次。

自2010年以来,校团委先后荣获国家、自治区级荣誉40余项。

(三)坚持"六个创新",着力推动关心下一代工作有序发展

校关工委坚持把"教书育人"作为高校关心下一代工作的重要任务,创新组织建设,创新制度建设,创新队伍建设,创新活动方式,创新教育方法,创新理论研究,努力使关工委成为学校人才培养的"后援团""稳定器"。

校关工委实行"双主任"制,即在职分管校领导和退休校领导共同担任主任,强化了党委领导;从学校到各单位分别设立了关工委组织,形成了我校关工委"十"字架构,提高了覆盖面和影响力;按照"提前物色选出一批,登门拜访请出一批,搭建平台凝聚一批,关心爱护稳定一批"的工作方针,建设了高素质"五老"队伍;按照"自己搭台自己唱戏,共同搭台共同唱戏和积极借台参与唱戏"的方式,积极融入学生创新及文体活动,活跃校园文化和创新氛围;坚持深入学生中间,以"过来人"身份,开展国情、区情和校情教育,增强了教育的感染力和针对性。

2013年,我校关工委被全国关工委授予"创建'五好'关工委先进单位"称号。

面对新形势、新任务和新要求,我们一定以此次自治区党的群团工作会议为契机,以新的思路、新的举措和新的作为推动我校群团工作再上新台阶,实现新发展。

谢谢。

在宁夏大学新学期工作会议上的讲话

校长 何建国

（2015 年 8 月 29 日）

同志们：

新的学期就要开始，在这个学期里，我们要扎实推进"三严三实"教育，要在认真总结"十二五"发展的基础上，结合新形势，科学谋划"十三五"发展，在一定意义上说，这个学期是一个承上启下的学期，是一个开启发展新常态的学期，这也就注定了这个学期的任务肯定是繁重的、复杂的、艰巨的，需要大家共同努力，共同开创崭新而生机勃勃的发展局面。

现在，我就本学期的一些工作初步作一部署。

第一，聚人心，树正气，凝聚发展的正能量。办大学，在一定程度上就是办传统、办精神、办风气。一所大学，如果缺失了精气神，如果缺失了正气、正义和正能量，如果缺失了和谐、宽容、大气的校园文化，将是十分危险的。我们要未雨绸缪，坚决以硬的举措推动软环境建设，一定要大力弘扬艰苦奋斗、自力更生的优良传统；一定要维护公平正义和良好的秩序，特别是要对一些歪风邪气，敢于亮剑、及时亮剑，坚决铲除其生存的土壤，积极构建良好的政治生态、学术生态和工作生态。希望我们的各级领导，正确认识新常态，积极适应新常态，大度、大气地扛起责任，用好权力，带头树正气，讲正义，促和谐，凝聚发展的正能量。

第二，狠抓学风教风建设，持续提高人才培养质量。人才培养工作是学校各项工作的根和魂。大家都知道，诞生于特殊时期、特殊环境下的西南联大，之所以能够在中国高等教育史上铸就不朽的丰碑，最为关键的就是培养了一大批杰出人才。我们要毫不动摇地坚持人才培养的中心地位，一切工作都要围绕这个中心、服务这个中心。抓好教学工作，提高人才培养质量，一个重要的抓手就是学风教风建设。如何抓好学风教风问题？几句响亮的口号、几项活动、几个会、几次检查不能完全解决这个问题。关键在于要在制度建设上用心思、在严格落实制度上动真格、在全校上下联动上下功夫、在形成长效机制上做文章。要全面实行校、院两级领导和教学督导听课制度，从本学期开始，每位校领导至少一到两周深入学生课堂一次，每位学院领导至少一周深入学生课堂一次，并且要坚持和完善好这一制度；学校将修订《宁夏大学教学名师评选办法》等制度，各教学单位要结合实际情况建立教师本科教学基本工作量制度，积极引导教师潜心教学、研学；要强化过程管理，从课堂提问、参与讨论、完成作业、平时抽查、中期考核、考试方法等环节入手，逐步建立严格有效的过程控制机制。今后，学校要创造条件，逐年加大教学投入。同时，要积极探索和建立起教师教学工作奖惩机制。

第三，转变观念，放宽视野，狠抓人才队伍建设。人才是一切工作的基石。人才的素质和潜力决定了学校未来发展的程度和高度。目前，按照自治区核定我校的编制，学校的人员编制十分紧张。同时，《自治区党委政府关于加快推进高等教育的若干意见》明确要求："高校要确保教师岗位不低于教职工岗位总量的70%"。在机关的具体工作中，大家也应该意识或者注意到了一点，就是有的时候干活的人越多，分工越细，层级越多，往往矛盾越多，掣肘越多，效率越低，这点，我们要有清醒的认识。适应新的形势，结合"十三五"发展，要适时按照"小机关、大服务"和"精简、高效"的原则，科学核定机关部门岗位职数，逐步优化人员构成比例；要尽快启动《宁夏大学人才引进与管理办法》等人才人事制度的修订工作；今后，我们的人才引进工作一定要坚持"按需、择优"的原则，一定要克服"武大郎开店——高我者不用"的思想，一定要注重专业技术人员、注重学缘结构、注重学科方向、注重质量，特别是学缘结构，对一个学校发展的潜在影响是十分巨大的，不管是国外还是国内的著名高校，他们对学缘结构有着苛刻的要求，我们必须用宽阔的视野、宽广的胸怀，果断、坚决、彻底地优化学缘结构，校领导和各单位领导带头改进；全校上下要采取有效措施，优化教师工作软、硬环境，切实关心青年教师成长，不断增强教师的向心力和归属感，带着感情和责任做好稳才工作。今年，我们要力争在高端领军人才建设方面取得新突破。

第四，广泛聚智，精心谋划和编制好"十三五"发展规划。规划不是作未来的决策，而是为未来作现在的决策。有学者认为，"大学的规划将指引院校之舟在前进的道路上顺利通过变化多端的环境，它是一种行为，对未来外部环境状况可能引起的问题预先提出解决方案，它也是一种手段，在持续的资源竞争中争取有利的地位，它的主要目的是把院校的前途和可预见的环境变化联系起来，使资源的获得快于资源的消耗，从而能够成功完成院校的使命。"同时，制定规划的过程，是一个重要的广泛动员、集思广益的过程，是一个统一思想、凝聚智慧的过程，也是一次改革创新、推动科学发展的机会，意义重大而深远。我们要提高认识，上下联动、集中精力、齐心协力，认真总结"十二五"发展，在此基础上，广泛调研、全面分析内外部环境、提高预见性，统筹"当前与长远、规模与质量、硬件与软件、重点与一般、需要与可能、宏观与微观"，认真思考和谋划"十三五"，全面做好"十三五"规划的编制工作。

第五，全面推进"全员育人，协同育人"，用心用情用力做好学生工作。大学在一定程度上就是学生+老师+学术，没有学生也就谈不上什么大学。一个孩子进入学校，承载着来自社会、家庭和个人太多的期望。因此，学生工作如何投入精力、如何做好工作都不为过。要换位思考，始终站在学生父母、兄弟姐妹的角度来对待学生；要敢于严格要求学生、主动关心学生、热情帮助学生、用心培养学生；要抓好利好政策，全程做好学生就业创业工作；要增强工作主动性，不断思考和研究新形势下学生工作的新问题、新特点和新规律，使我校的学生工作时刻体现时代性、把握规律性、富有创造性。总之，全校上下要树立"一盘棋"思想，共同营造良好的环境和氛围、共同担负起育人的责任、共同谱写全员育人、协同育人的美好篇章。迎新、入学教育和军训工作即将开始，这是新生进入学校的第一课，来不得半点马虎，学生处等部门要设计好各项方案。各学院要高度重视，学院主要领导要亲自协调和过问，提出明确、严肃的纪律要求。迎新、入学教育和军训工作要充分体现出人性化、人情化和人本化，充分体现学校关爱学生的理念和文化。

第六，深化体制机制改革，加强效能建设，提高管理服务水平和能力。适时启动校内机构设置调整和改革工作，主动构建与现代大学制度建设相适应的组织构架，进一步规范和厘清学校各级各类机构、组织的工作职责，科学、合理地确定部门职能职责，规范各项工作的运转机制和程序，理顺工作关系；采取强有力的措施，结合"管理思想有余，服务意识不足"的问题，持续加强作风建设，构建符合学校实际的能真正解决问题的效能建设长效机制；大力推进执行力建设，坚决杜绝"光做面子，不管里子"的问题，坚决杜绝光说不干"耍嘴皮子"的问题，坚决杜绝"眼睛向上不向下"的问题，坚决杜绝选择性地执行、凭喜好执行、看利益情况执行、抛重拈轻执行问题。本学期开始，纪检监察部门、督导室要进一步将督促检查工作常态化，专项督促与常规督促相结合，经常性督促与随时督促相结合，要突出问责，对发现的问题，及时点名道姓地通报。

这里，根据以前出现的问题和有关部门的要求，我再强调几个方面：今后，各单位与外界签订的任何协议，均要经监审部门审核，业务主管部门和分管校领导同意并签字，重要协议由学校层面会议研究，且要向档案馆留存备案；各类项目的招投标、工程变更等严格按制度、按程序办理，各级领导不能随意插手和干预；监察审计部门要对一些重点工程、重点项目加强审计，跟踪检查；要规范自考管理，继续教育学院牵头，要对各学院自考工作进行经常性检查；要杜绝单位或者教师举办公务员考试培训班等。这些事情，谁出了问题，不仅要对当事人进行处理，还要对单位负责同志问责。

第七，强化学科统领作用，推动学科建设常态化。以学科建设为龙头，是学校在长期办学实践中形成的共识，也是我们可持续发展的底气。尽管通过努力，建起了"国家—自治区—学校"三级重点

学科体系，但我们的学科建设工作还更多停留在三级重点学科体系构建的层面上，有效统筹推进学科要素建设与提升学科整体水平，产生标志性成果的力度还不够，学科基层组织模式改革未能深入推进，学科的特色和竞争力还不强，学科和学科建设的意识还远远不够。要进一步加强学科建设，积极培育发展新的重点建设学科，大力推进学科建设的常态化。作为学科的重要支撑，我们要在提高科研水平上下大功夫，要遵循学科规律，重视基础研究，重视高水平论文。要在承担大项目上取得突破。根据学校科研工作的新阶段，对科研相关制度进行修订。积极争取现有的校级科技创新平台进入自治区科技创新平台行列，今年，力争在省部共建国家重点实验室建设方面实现突破。要认认真真、扎扎实实推进学位点的评估工作，发现问题，限时整改。

第八，全面推进财政性项目存量资金执行进度。财政性项目资金是学校经过积极争取获得的，来之不易，用好这些资金，对学校各项发展具有很大的促进作用。根据国家及自治区财政部门关于加快资金执行进度工作的要求，学校及时专门进行了研究，提出了支付原则和办法，明确了责任和时限，又专门召开会议进行了部署。各有关单位对此一定要认识到位，积极配合本次加快推进资金支付工作，确保按要求时限完成好资金支付工作。这里，我要特别强调的是，作为专项资金，财政性项目资金使用的政策性要求很高。尽管资金支付的时间要求紧迫，各相关单位仍然要绷紧资金使用的政策弦，必须做到专款专用，必须确保按程序支付、科学支付、阳光支付、廉洁支付、安全支付；在资金使用过程中，要正确处理效率和效益的关系，既要保证资金按期支付，又要确保资金使用产生应有的效益，坚决杜绝浪费及由此带来的损失。监察审计处会同计划财务处，要对资金的使用支

付情况，及时检查，加强督促，确保每一笔资金使用规范和科学。同时，要按"谁主管谁负责"的原则，对没有按规定及时支付给学校造成损失的或资金使用出现问题的，学校将严肃追究相关单位及个人的责任。

第九，强化责任，毫不松懈地抓好安全稳定工作。安全稳定是一个国家、一个地方、一个单位良好发展的基础和保障，对高校来说，更是如此。近年来，社会安全稳定形势发生了新的变化，出现了新的问题和矛盾，对高校做好安全稳定工作提出了新的要求。要坚持守土有责、守土尽责、层层落实责任，确保万无一失。安全稳定工作无小事，出事就是大事。各单位，以及各位领导干部要站在讲政治、讲大局的高度，本着对学校、对学生、对社会以及对个人负责的原则，时刻绷紧安全稳定这根弦，强化责任，明确措施，认真做好工作；要时刻把安全稳定工作挂在嘴上，记在心上，抓在手上，坚持长期抓，抓长期。时刻牢记没有稳定，就没有正常的秩序，就谈不上教育，谈不上发展，过去已做的工作或者已经取得的成绩也会化为泡影，工作一刻不能放松；要克服麻痹思想，做到警钟长鸣。安全稳定工作来不得半点马虎和麻痹，失去警觉的时候往往就是出事的时候，要坚决杜绝"说起来重要、干起来次要、忙起来不要"的现象，时刻做到警钟长鸣；要主动地、经常性地排查风险点，及时消除隐患。业务主管部门和各单位要经常性组织人员对本单位重点部位、薄弱环节等进行排查，拾遗补缺，防患于未然。相关部门要及时对校内治安、交通、消防、饮食卫生等方面的风险隐患进行检查，提出要求；要完善各类突发事件应急预案，提高各类突发事件预警、防范和处置能力。相关单位一定要加强危险化学物品和试剂的管理。保卫处牵头，要经常性地对安全隐患进行大检查、大排查，对排查出的问题，保卫部门提出整改意见后，

相关部门按职责迅速整改，决不能拖延。从这学期开始，各学院、后勤部门等要每周对学生宿舍违规使用大功率电器等问题进行检查，要形成制度；后勤部门对全校校园围栏损坏情况进行全面排查，该修补的尽快修补；保卫部门要加强巡查，对随意破坏校园围栏行为坚决依法处置。

第十，加快工作进度，尽快完成和启动相关工程项目。经过这段时间的艰辛工作，科技楼和公租房项目后续工作基本完成，基建、资产、后勤等部门，要根据工作职责，迅速启动科技楼、公租房进驻前的各项工作，务必在较短的时间内完成相关单位的搬迁调整工作；近日，银川市规划建设领导小组和旧城改造办公室会议，通过了校本部D区改扩建项目规划及建筑设计方案，同时，对南校区开发建设工作也进行了研究，南校区开发建设和校本部D区进入了实质性推进阶段，相关部门要克服一切困难，进一步加大工作力度和进度，确保按预定目标推进。要按程序、高质量做好学校操场、校园路灯的改造和维修项目工作。要进一步加强校园环境大整治工作。

同志们，发展不能留在纸上、挂在墙上、讲在嘴上。目前，学校发展的机遇环境好、大事要事多、困难挑战大，我们只有"前进挡"，没有"空挡"，更不能有"倒挡"！全校上下要进一步统一思想、凝聚人心、振奋精神，牢固树立大局观念、协作理念、配合意识，坚持与学校思想同心、目标同向、工作同步。牢固树立"今天再晚也是早、明天再早也是晚"的思想，以"等不起"的紧迫感、"慢不得"的危机感、"坐不住"的责任感，克服一切困难，全面动起来，跑起来，干起来，用心做好本职工作，积极争取机遇、争取政策、争取支持，切实推动工作落实，努力在新的起点上推动学校新的发展。

谢谢。

机 构 与 干 部

The Annual of Ningxia University

宁夏大学 2015 年校级领导干部

中共宁夏大学第六届委员会委员（按姓氏笔画排序）

马应虎　王玉炯　王宏伟　王燕昌　孔　斌　田军仓　齐　岳（—2015.5）　许　兴　李　斌
李正东　李建设　杨振东　何凤隽　何文寿　何建国　张　成（—2015.7）　尚晓东
金能明（2015.5—）　赵　明　赵利宁　高继明　郭少新　梁向明　谢应忠

中共宁夏大学第六届委员会常务委员

齐　岳（—2015.5）　金能明（2015.5—）　何建国　赵利宁　王燕昌　许　兴　谢应忠
张　成（—2015.7）　马应虎　孔　斌　田军仓　王玉炯

党委书记　齐　岳（—2015.5）　金能明（2015.5—）
副 书 记　何建国　赵利宁　王燕昌
校　　长　何建国
副 校 长　许　兴（正厅级）　谢应忠　张　成（—2015.7）
　　　　　　　马应虎　王春秀　田军仓

中共宁夏大学纪律检查委员会

中共宁夏大学第六届纪委委员（按姓氏笔画排序）

丁秀芹　马玉龙　马春宝　王海文　井惠敏　孔　斌　任　军　刘万毅　张立杰　陈军胜
雷灵芝

书　　记　孔　斌
副 书 记　张立杰　雷灵芝　陈军胜

宁夏大学 2015 年组织机构设置及负责人

党群部门

党委办公室	主　任	李正东
党委组织部(学生党建工作办公室)	部　长	高继明
党委宣传部	副部长	武林波
党委统战部	部　长	井惠敏
学生工作部	部　长	王宏伟
工　会	主　席	尚晓东
团　委	副书记	马　慧(主持工作)

行政部门

校长办公室(计划生育办公室)、校友工作办公室	主　任	高永兴
国际合作处(港澳台事务办公室)	处　长	周　震
发展规划与学科建设处	处　长	李建设
人事处	处　长	赵　明
教务处	处　长	何凤隽
科学技术处	副处长	李学斌(主持工作)
社会服务处(科技成果转化中心)	处长(主任)	刘成敏
学生处	处　长	王宏伟
研究生院	常务副院长	冯秀芳(正处级)
计划财务处	处　长	宋　斑
监察审计处	处　长	张立杰
资产管理处	处　长	侯文庆
保卫处、综合治理委员会办公室	处长、主任	贺生斌
基建处	副处长	周永军(2015.9—)
后勤管理处	处　长	刘　毅
离退休人员服务处	处　长	孙宝德

教学单位

人文学院	分党委书记	鲁 晋
	院 长	郎 伟(—2015.11)
新闻传播学院	直属党支部书记	周 强
	常务副院长	周 强
政法学院	分党委书记	拜发奎
	院 长	任 军
外国语学院	分党委书记	王宏武
	院 长	周玉忠
阿拉伯学院	直属党支部书记	张前进
经济管理学院	分党委书记	张 桓
	院 长	高桂英
数学计算机学院	分党委书记	刘富祥
	常务副院长	韩惠丽(主持行政工作,—2015.9)
	院 长	韩惠丽(2015.9—)
物理电气信息学院	分党委书记	车 进
	副院长	王旭明(主持行政工作)
化学化工学院	分党委书记	李嗣丞
	院 长	刘万毅
生命科学学院	分党委书记	沈岩东
	院 长	王玉炯
资源环境学院	分党委书记	赤学礼
	院 长	米文宝
农学院	分党委书记	刘双萍
	院 长	何文寿
葡萄酒学院	直属党支部书记	党小龙
机械工程学院	分党委书记	钟子杰
	院 长	朱学军
土木与水利工程学院	分党委书记	马正亮
	副院长	毛明杰(主持行政工作)
教育学院	分党委书记	高石钢
	院 长	戴联荣(—2015.9)
体育学院	分党委书记	孙建军
	院 长	刘旭东
音乐学院	分党委书记	张建国
	院 长	刘 明

续表

美术学院	分党委书记	王海文
	院　长	周一新
马克思主义学院	党总支书记	赵　勤
	院　长	李　斌
国际教育学院	直属党支部书记	王　辉
	院　长	王　辉
民族预科教育学院	党总支书记	戴兴安
	院　长	马玉龙
远程教育学院	直属党支部书记	陈晓敏
	院　长	王学明
继续教育学院、高等职业技术学院	院　长	降　龙
宁夏大学新华学院(独立学院)	党委书记	周学峰
	常务副院长	郭少新
宁夏大学中卫校区(2014年8月设立)	管委会主任	刘向兵(兼,2014.12—)
	管委会常务副主任	马亦兵(兼,2014.11—)

科研单位

能源化工(天然气转化)省部共建国家重点实验室培育基地	主　任	薛　屏
西部特色生物资源保护与利用教育部重点实验室	主　任	王玉炯
西部生态与生物资源开发联合研究中心	直属党支部书记	郭振才
	主　任	宋乃平
西夏学研究院	直属党支部书记	丁秀芹
	院　长	杜建录
新技术应用研究开发中心	直属党支部书记	王提银
	主　任	孙兆军
回族研究院	直属党支部书记	梁向明
	院　长	马宗保
西部发展研究中心	主　任	黄立军
宁夏大学·岛根大学国际联合研究所	所　长	王　锋
宁夏葡萄与葡萄酒发展研究院（葡萄与葡萄酒教育部工程研究中心）	直属党支部书记	何风军(兼,主持行政工作)
宁夏光伏材料重点实验室	主　任	李　进(副处级)
宁夏大学新能源研究中心	负责人	李明滨
中国阿拉伯研究院	常务副院长	张前进(正处级,兼)
高等教育研究所	所　长	周福盛

直属单位

图书馆	党总支书记	李树泮
	馆　长	蔡永贵
档案馆	馆　长	雷　慧
学术期刊中心	直属党支部书记	祁泽平
	主　任	马春宝
网络管理中心	主　任	高玉琢
宁夏高等学校师资培训中心	直属党支部书记	冯　奎
	主　任	和　润
国家大学生文化素质教育基地办公室、宁夏大学场馆管理服务中心	直属党支部书记	李慧琴
	主　任	朱　伟
国防教育教学中心	主　任	魏国孝
大学生就业创业指导服务中心（大学科技园办公室）	负责人	程胜利（副处级）
测试分析中心	主　任	杨　梓
教师教学发展中心	主　任	赵智宏

附属单位

后勤集团	党总支书记	田富军
	总经理	刘　毅
教学实验农场	直属党支部书记	何生虎（—2015.9）
	场　长	蒋　万

宁夏大学学术委员会

主任委员:何建国

副主任委员:王燕昌　许　兴　李　伟　谢应忠　田军仓　王玉炯　郎　伟　杜建录

委　员(按姓氏笔画排序):

马应虎　马宗保　马春宝　王　俊　王正英　王玉炯　王旭明　王春秀　王燕昌　田军仓

冯秀芳　米文宝　刘　明　刘万毅　刘旭东　许　兴　朱学军　杜建录　李　伟　李　斌

李建设　李爱华　任　军　何文寿　何凤隽　何生虎　何建国　宋乃平　宋建夏　张　成

张军翔　郎　伟　周玉忠　金忠杰　赵　明　郭　琳　高桂英　谢应忠　韩惠丽　蔡永贵

戴联荣

校学术委员会办公室设在科技处,并设秘书长和副秘书长负责日常事务

秘　书　长:李建设

副秘书长:何凤隽

宁夏大学学术道德委员会

主任委员:许　兴

副主任委员:王玉炯　张立杰

委　员(按姓氏笔画排序):马春宝　冯秀芳　朱学军　任　军　米文宝　李建设

校学术道德委员会办公室设在科技处

办公室主任:李建设

宁夏大学学位评定委员会

主　席:何建国

副主席:赵利宁　王燕昌　李　伟　李　星　张　成　王春秀

委　员(按姓氏笔画排序):

　　　　王玉炯　王宏伟　王燕昌　王春秀　王旭明　田军仓　冯秀芳　刘　明　刘万毅　刘旭东

　　　　米文宝　许　兴　李　伟　李　星　李　斌　李建设　朱学军　任　军　何文寿　何凤隽

　　　　何建国　张　成　郎　伟　周玉忠　赵利宁　郭　琳　郭少新　高桂英　谢应忠　韩惠丽

　　　　戴联荣

校学位评定委员会办公室设在研究生院

办公室主任:冯秀芳

办公室副主任:何凤隽

宁夏大学非常设机构及组成人员

(经 2015 年第七次党委常委会议研究决定调整)

1. 宁夏大学深化改革领导小组

组　长:齐　岳

副组长:何建国

成　员:赵利宁　王燕昌　许　兴　谢应忠　张　成　马应虎　孔　斌　王春秀　田军仓　王玉炯

领导小组办公室设在发展规划与学科建设处

办公室主任:王燕昌(兼)

2. 宁夏大学发展规划与学科建设委员会

主　任:齐　岳　何建国

副主任:谢应忠

委　员:赵利宁　王燕昌　许　兴　张　成　马应虎　孔　斌　王春秀　田军仓　王玉炯

委员会办公室设在发展规划与学科建设处

办公室主任:李建设

3. 宁夏大学协同创新工作领导小组

组　长:齐　岳　何建国

副组长:赵利宁　王燕昌　许　兴　谢应忠　张　成　马应虎　孔　斌　王春秀　田军仓　王玉炯

成　员:李正东　高继明　高永兴　周　震　李建设　赵　明　何凤隽　刘成敏　冯秀芳　宋　珽

　　　　侯文庆　卢小兵　李学斌

领导小组办公室设在科学技术处

办公室主任:许　兴(兼)

4. 宁夏大学党建暨思想政治工作指导委员会

主　任:齐　岳

副主任:赵利宁　王燕昌

委　员:周学峰　张立杰　李正东　高继明　井惠敏　尚晓东　王宏伟　冯秀芳　赵　勤　奥海玮

　　　　武林波　马　慧

各党委、党总支、直属党支部书记

委员会办公室设在党委办公室

办公室主任:李正东

委员会下设 4 个工作组

(1)党建工作组

组　长:高继明

副组长:奥海玮

成　员:赵　明　武林波

(2)教职工思想政治工作组

组　长:武林波

副组长:尚晓东

成　员:贺生斌　赵　勤　田富军　奥海玮　马　慧　王红枫　张培松

(3)学生思想政治工作组

组　长:王宏伟

副组长:冯秀芳

成　员:赵　勤　田富军　奥海玮　马　慧　王淑莲

(4)建设学习型党组织活动领导小组

组　长:高继明

副组长：卢小兵

成　员：李海燕　王彦庚

5. 宁夏大学反腐倡廉建设工作领导小组

组　长：齐岳　何建国

副组长：孔斌

成员：赵利宁　王燕昌　张立杰　李正东　高继明　尚晓东　高永兴　赵明　王宏伟　冯秀芳
　　　宋珽　刘毅　武林波　李学斌　张晓天

领导小组办公室设在纪检委

办公室主任：张立杰

6. 宁夏大学党务公开领导小组

组　长：齐岳

副组长：何建国　赵利宁　王燕昌　孔斌

成　员：李正东　高继明　井惠敏　尚晓东　高永兴　奥海玮　卢小兵

领导小组办公室设在党委办公室

办公室主任：李正东

7. 宁夏大学国家安全领导小组

（略）

8. 宁夏大学安全稳定工作委员会

主　任：齐岳　何建国

副主任：赵利宁　马应虎

委　员：李正东　高继明　井惠敏　尚晓东　高永兴　周震　赵明　何凤隽　王宏伟　冯秀芳
　　　宋珽　贺生斌　刘毅　孙宝德　党小龙　郭少新　马亦兵　高玉琢　陈军胜　武林波
　　　马慧　李学斌　张晓天

委员会办公室设在党委办公室

办公室主任：李正东

　　副主任：高永兴　贺生斌

委员会下设 2 个工作组

（1）消防工作领导小组

组　长：何建国

副组长：赵利宁

成　员:何凤隽　宋　珽　侯文庆　贺生斌　刘　毅　薛　屏　蔡永贵　雷　慧　马　慧　倪　刚

领导小组办公室设在保卫处

办公室主任:贺生斌(兼)

(2)保密工作领导小组

组　　长:赵利宁

副组长:李正东　高永兴

成　员:高继明　周　震　赵　明　何凤隽　刘成敏　王宏伟　冯秀芳　宋　珽　贺生斌　张前进
　　　　雷　慧　祁泽平　高玉琢　陈军胜　李海燕　武林波

领导小组办公室设在党委办公室

办公室主任:李海燕

9. 宁夏大学人事人才工作协调小组

组　　长:何建国

副组长:赵利宁　王燕昌　许　兴　谢应忠　张　成　孔　斌

成　员:张立杰　高继明　尚晓东　李建设　赵　明　何凤隽　冯秀芳　李学斌

协调小组办公室设在人事处

办公室主任:赵　明

10. 宁夏大学招生工作领导小组

组　　长:何建国

副组长:赵利宁　张　成　孔　斌　王春秀

成　员:张立杰　李建设　何凤隽　王宏伟　冯秀芳　宋　珽　刘旭东　马玉龙　降　龙
　　　　郭少新　刘　毅　武林波　李胜刚　程胜利

领导小组下设 5 个办公室

研究生招生办公室主任:冯秀芳

普通本、专、预科招生办公室主任:王宏伟

成人、高职招生办公室主任:降　龙

新华学院招生办公室主任:郭少新

11. 宁夏大学教职工考核领导小组

组　　长:何建国

副组长:赵利宁　王燕昌　谢应忠　孔　斌

成　员:张立杰　李正东　高继明　尚晓东　高永兴　赵　明　何凤隽　刘　毅　李学斌

领导小组办公室设在党委组织部

办公室主任:高继明

　副主任:赵　明

12.宁夏大学教师资格专家审查委员会

主　任:何建国

副主任:王燕昌　孔　斌

委　员:王玉炯　赵　明　何凤隽　郎　伟　周　强　任　军　周玉忠　张前进　高桂英　刘万毅

　　　　米文宝　何文寿　党小龙　朱学军　高石钢　刘旭东　刘　明　周一新　李　斌　王　辉

　　　　马玉龙　王学明　降　龙　马亦兵　韩惠丽　王旭明　毛明杰

委员会办公室设在人事处

办公室主任:赵　明

13.宁夏大学校务公开领导小组

组　长:何建国

副组长:王燕昌

成　员:李正东　高继明　尚晓东　高永兴　赵　明　宋　珽　侯文庆　刘　毅　卢小兵　张晓天

　　　　史　娟

领导小组办公室设在校工会

办公室主任:尚晓东

14.宁夏大学劳动鉴定委员会

主　任:何建国

副主任:王燕昌

委　员:尚晓东　赵　明　虎建华　李治涛　张培松　张守荣

委员会办公室设在人事处

办公室主任:张培松

　副主任:刘淑媛　李志保

15.宁夏大学信息化建设领导小组

组　长:何建国

副组长:赵利宁　谢应忠　田军仓

成　员:李正东　高永兴　李建设　赵　明　何凤隽　王宏伟　宋　珽　侯文庆　贺生斌　刘　毅

　　　　王学明　蔡永贵　雷　慧　高玉琢　奥海玮　陈建丽　李学斌　张晓天　王　恒

领导小组办公室设在网络管理中心

办公室主任:高玉琢

16. 宁夏大学计划生育领导小组

组　　长:何建国

副组长:高永兴

成　　员:尚晓东　赵　明　王宏伟　宋　珽　贺生斌　刘　毅　武林波　王红枫　马　瑜

领导小组下设办公室

办公室主任:王红枫

17. 宁夏大学校园文化建设领导小组

组　　长:赵利宁

成　　员:王宏伟　李　斌　朱　伟　吕海军　奥海玮　卢小兵　马　慧　韩　勇　李　浩　马　瑜
　　　　　刘俊杰

领导小组办公室设在宣传部

办公室主任:卢小兵

18. 宁夏大学本科生奖学金助学金评审委员会

主　　任:赵利宁

副主任:王春秀

委　　员:王宏伟　马　慧　李　浩　马玉玲

根据所设奖学金、助学金类别确定学科评审委员若干人

评审委员会办公室设在学生处

办公室主任:王宏伟

19. 宁夏大学国防生工作领导小组

组　　长:赵利宁

副组长:王春秀　田宏亮

成　　员:李正东　高永兴　李建设　何凤隽　王宏伟　宋　珽　贺生斌　刘　毅　奥海玮　陈建丽
　　　　　刘伯川　马　瑜　张晓天　赵永军　许义泉　张　翼

领导小组下设办公室

办公室主任:刘伯川

20. 宁夏大学社会治安综合治理委员会

主　　任:赵利宁

副主任:李正东　贺生斌

委　员:高继明　井惠敏　尚晓东　高永兴　周　震　赵　明　何凤隽　王宏伟　宋　珽　侯文庆
　　　　贺生斌　刘　毅　孙宝德　高玉琢　雷灵芝　卢小兵　马　慧　李学斌

委员会下设办公室

办公室主任:贺生斌

21.宁夏大学精神文明建设指导委员会

主　任:赵利宁

副主任:武林波

委　员:周学峰　李正东　高继明　井惠敏　尚晓东　何凤隽　王宏伟　宋　珽　贺生斌　刘　毅
　　　　李慧琴　陈军胜　马　慧　李东宁　王红枫　张守荣　程胜利

委员会办公室设在党委宣传部

办公室主任:武林波

22.宁夏大学法制建设领导小组

组　长:赵利宁

副组长:贺生斌　卢小兵

成　员:李海燕　马　慧　李东宁　刘淑媛

领导小组办公室设在党委宣传部

办公室主任:卢小兵

23.宁夏大学政工系列专业职务评审委员会

主　任:赵利宁

委　员:李正东　高继明　井惠敏　尚晓东　赵　明　王宏伟　冯秀芳　李　斌　武林波　李学斌

委员会办公室设在党委宣传部

办公室主任:武林波

24.宁夏大学师德学风建设领导小组

组　长:王燕昌

副组长:赵利宁　许　兴　孔　斌　王春秀

成　员:高继明　尚晓东　赵　明　何凤隽　王宏伟　冯秀芳　赵　勤　马春宝　赵智宏　陈建丽
　　　　马　慧　李学斌

领导小组下设师德建设办公室和学风建设办公室

师德建设办公室设在校工会

办公室主任:尚晓东

     副主任:陈建丽

学风建设办公室设在科学技术处

办公室主任:李学斌

     副主任:何凤隽　王宏伟　马　慧

25. 宁夏大学人民调解委员会（劳动人事争议调解委员会）

主　　任:王燕昌

副主任:尚晓东

委　员:陈少念　蒋志忠　李东宁　段晓阳　李　浩　彭智华　刘俊杰　刘淑媛

委员会办公室设在校工会

办公室主任:蒋志忠

26. 宁夏大学大学生创新创业指导委员会

主　　任:许　兴

副主任:赵利宁　张　成　王春秀

委　员:李建设　何凤隽　刘成敏　王宏伟　宋　斑　马　慧　李学斌　程胜利

委员会办公室设在大学生就业创业指导服务中心

办公室主任:程胜利

27. 宁夏大学科技园管理委员会

主　　任:许　兴

副主任:谢应忠　张　成　马应虎

委　员:李建设　刘成敏　宋　斑　侯文庆　李学斌　张晓天　程胜利

委员会办公室设在大学生就业创业指导服务中心

办公室主任:程胜利

28. 宁夏大学研究生教育教学工作指导委员会

主　　任:张　成

副主任:冯秀芳

委　员:王玉炯　李建设　郎　伟　任　军　周玉忠　张前进　高桂英　刘万毅　米文宝　何文寿
　　　　朱学军　高石钢　刘旭东　刘　明　周一新　李　斌　杜建录　宋乃平　马宗保　黄立军
　　　　赵智宏　韩惠丽　马　瑜　王旭明　毛明杰

委员会办公室设在研究生院

办公室主任:冯秀芳

29. 宁夏大学招标采购领导小组

组　　长:马应虎

副组长:孔　斌

成　员:张立杰　李建设　宋　珽　侯文庆　刘　毅　张晓天　马小军

领导小组下设政府采购办公室,办公室设在计财处

办公室主任:宋　珽

30. 宁夏大学维修工程立项审核领导小组

组　　长:马应虎

副组长:宋　珽　刘　毅

成　员:雷灵芝　李东宁　韩　勇　云建科　张晓天　刘俊杰

领导小组办公室设在后勤管理处

办公室主任:刘俊杰

31. 宁夏大学爱国卫生绿化委员会

主　　任:马应虎

副主任:刘　毅

委　员:宋　珽　虎建华　李　浩　刘伯川　云建科　刘俊杰　张晓天　冯登桢

委员会办公室设在后勤管理处

办公室主任:刘俊杰

32. 宁夏大学党务校务公开监督领导小组

组　　长:孔　斌

副组长:张立杰

成　员:李正东　井惠敏　高永兴　宋　珽　雷灵芝　陈军胜　王彦庚　蒋志忠　史　娟

领导小组办公室设在校纪委

办公室主任:张立杰

33. 宁夏大学本科教育教学工作指导委员会

主　　任:王春秀

副主任:何凤隽

委　员:冯秀芳　党小龙　刘　明　马亦兵　赵智宏　刘军红　李　浩　胡玉冰　宫京成　曲　正

郭鸿雁　唐　玲　金忠杰　赵　军　丁志义　任克亮　倪　刚　梁文裕　刘小鹏　张亚红
张　波　王安全　毛明杰　咸云龙　李晓春　温　丽　刘艳晖　陶玉凤　冯　锋　张红瑄
委员会办公室设在教务处
办公室主任:李　浩

34.宁夏大学体育运动委员会

主　任:王春秀

副主任:高永兴　刘旭东

委　员:尚晓东　何凤隽　王宏伟　朱　伟　陈建丽　马　慧　虎建华　张守荣　赵奋军　咸云龙
张　炜　李文柱　马兆明

委员会办公室设在体育学院

办公室主任:赵奋军

35.宁夏大学语言文字工作委员会

主　任:王春秀

顾　问:刘世俊

委　员:何凤隽　王宏伟　郎　伟　刘经建

委员会办公室设在教务处

办公室主任:何凤隽

36.宁夏大学关心下一代工作委员会

顾　问:刘青儒　苟世有　刘世俊　戴桃书

主　任:王燕昌　赵维素

副主任:李福明(常务副主任)　王宏伟　贺生斌　孙宝德　卢小兵　马　慧

委　员:刘彦宁　陆美石　张廷杰　刘玉梅　郝育兰

秘书长:孙宝德(兼)

委员会办公室设在离退休人员服务处

办公室主任:刘彦宁

副主任:陆美石

秘书:雍　莉

党建与思想政治工作

The Annual of Ningxia University

组织工作

【实施"育人楷模工程"】 采取项目化管理机制，出台重点工作督查督导工作办法。组织全校 20 个学院参与申报教职工党建项目，设立并落实 82 个具体项目，对 20 个项目分 4 个等次进行表彰奖励，以评促建，推动教工党建工作再上新台阶。

【基层党组织建设】 在基层服务型党组织创建试点工作基础上，及时总结试点工作经验，继续深入推进学生党员服务网络工程和教师党员师德教风提升服务工程。制订《宁夏大学星级基层服务型党组织创建活动实施方案》，开展"优秀主题党日活动评比"。制定《党务干部联系党建示范点制度》，加强对学院党建工作指导。组织召开七一表彰大会，挖掘典型，树立先进，发挥先进党组织和优秀共产党员的示范作用。

【实施学生党建"金种子工程"】 建立健全校、院两级党校分层培训体制，编写制定《宁夏大学党课教学大纲》，制订《宁夏大学 2015 年党员教育培训方案》，加强对预备党员和正式党员的培训，建立宁夏大学党员教育培训校外实践基地。进一步完善党员考核评价办法，通过设立党员之星、评选优秀共产党员等措施，加大对学生党员的激励和督促。创办"宁大党建微平台"，探索利用微信群开展党员教育培训新途径。

【干部队伍建设】 出台《宁夏大学关于干部选拔任用工作的补充规定》，改革干部任用初始提名环节，实行空缺职位预告制和提名方式多元化，增加个人自荐环节，进一步扩大了学校党委选人用人视野；干部任用试行正处级实职干部全委会议票

决制，充分发挥全委会对学校重大问题的决策作用，进一步扩大了学校党委选人用人的民主化。启动 8 个中层（处级）岗位干部选拔任用及 5 个学院、5 个科研机构行政班子换届改选工作，推动教学和科研单位资源整合、优势互补。

【干部交流培训】 分三批在自治区党校对全校 280 余名中层干部进行为期一周全脱产、全覆盖的"习近平总书记系列重要讲话精神"培训。结合"三严三实"专题教育，组织党务干部、党外干部、基层党务干部分批赴井冈山开展"三严三实"暨党性锻炼培训。选派 1 名中层干部赴石嘴山挂职，选派 3 名中层干部 2 名科级干部赴上海交通大学挂职。接收宁夏师范学院挂职中层干部 1 名，接收中央博士服务团来校挂职干部 1 名。接收"西部之光"访问学者 1 名；接收"基层之光"访学人员 4 名；指导扶贫驻村干部工作，落实扶贫资金 12 万元。

宣传工作

【理论学习】 强化理论中心组学习。共举办 4 场专题报告会，校级理论中心组集中学习 10 次，校级领导参加自治区级以上各类培训学习共 17 人次。针对国家政治、经济、高等教育、自治区有关政策等方面的媒体报道、社论组织学习，做到时时学、处处学。3 月至 5 月，在全校集中开展了"守纪律，讲规矩"主题教育活动。通过组织各级党组织集中开展专题学习、各级党委主要负责人讲党课、召开专题组织生活会、党纪党规知识测试、机关工作作风建设等活动，使"守纪律、讲规矩"主题教育活动取得了积极效果。扎实开展"三严三实"专题

教育。5月29日以党委书记讲党课的形式正式启动了"三严三实"专题教育。按照要求,先后开展了三次学习研讨。在专题教育中,校领导既参加校党委理论中心组的研讨又参加分管或联系单位的专题研讨,中层领导干部既参加校党委理论中心组的研讨又参加本单位的研讨,进一步增强了"三严三实"专题教育的学习效果。同时,强化问题导向,将"三严三实"贯穿于推动学校综合改革的全过程,与学校"十三五"发展规划密切结合,用推动学校改革的实际成效检验专题教育成果。

【马克思主义理论研究与学科建设】 马克思主义中国化研究学科获批自治区重点学科,学校全面启动马克思主义理论研究与学科建设工程,加强了学科建设规划和顶层设计,为2016年申报马克思主义理论一级学科硕士点、马克思主义民族理论二级学科博士点做好思想上、组织上、基础上的准备。利用西部高校综合实力提升计划项目,全面启动并初步完成了宁夏大学网络思想政治教育平台建设。加强网络建设和新媒体管理,强化舆情监控与引导,充分发挥宁夏大学网络文明传播志愿者协会作用,密切关注网上思想动向,充分利用现代化的舆情监控系统进行舆情分析与研判,提高了突发事件的应急处置能力和舆论监管引导能力。

【宣传思想及精神文明建设】 认真贯彻落实中央《关于进一步加强和改进新形势下高校宣传思想工作的意见》精神,加强意识形态领域阵地建设。加强社会主义核心价值观教育,荣获全区教育系统培育和践行社会主义核心价值观先进单位。打造立体化思想教育平台。将《宁夏大学报》、宁夏大学新闻网、宁夏大学校园广播站、广告宣传栏等载体进行整合,建立舆情信息、宣传思想工作微社群,着力建设"宁夏大学官方微信、微博"等校园新媒体平台,构建起校内立体化的媒体宣传和舆论

引导平台。启动宁夏大学文化形象识别系统的应用与项目制作,完成校区命名、校园道路命名、学生公寓楼宇标志统一及各类文化设施的建设与完善,进一步完善文化广场建设,增强文化育人功能。

纪检监察工作

【落实党风廉政建设监督责任】 在各学院党委、党总支、直属党支部中设立纪检委员,由各学院党委、党总支、直属党支部书记兼任纪检委员,明确具体职责,全面负责本级党组织的党风廉政建设工作。修订完善《宁夏大学中层单位落实党风廉政建设责任制考核指标体系(试行)》,实行年终考核党风廉政建设一票否决制。将《宁夏大学中层领导班子落实党风廉政建设责任制和中央、自治区及学校各项规定督导手册》中的各项内容完成情况作为各单位党风廉政建设年终考核的重要依据。

【党风廉政建设学习研讨】 结合"三严三实"主题教育活动,通过组织观看反腐倡廉警示教育片、参观廉政警示教育中心、举办党风廉政建设专题讲座、学习《中国共产党廉洁自律准则》《中国共产党纪律处分条例》、参加廉政教育与廉政文化建设专题网络培训等,进一步加强对干部职工的廉洁从政教育。举办第五届廉政书画摄影作品展,开设"大学生敬廉崇洁意识养育"选修课两期,加强廉政文化建设及大学生廉政意识养育。积极开展廉政建设研究。参与教育部研究课题1项,承担自治区纪委研究任务6项,立项校级社科基金项目5项。在自治区开展的"守纪律讲规矩"主题征文活动中,获一等奖1篇、二等奖1篇、三等奖2篇、优秀奖3篇,学校被评为优秀组织单位。

【加强对重点岗位和关键环节的监管】 严把招生录取关、基建项目关、招标采购关、财务管理关、干部人事关、学术诚信关、节日廉政关等重要关口，对监督过程中发现的廉洁风险点及时防范，堵塞漏洞。对艺术类招生考试在甘肃、山东两个考点实施现场监督，对高水平运动员、运动训练专业招生实施全程监督；对高考招生录取工作实施全程监督；对人员招聘工作实施监督，对不符合报考条件及证书伪造的人员坚决取消报考资格。对校内公开招标采购的68个标段实施全程监督，监督过程中，对评标专家的抽取以及开标、唱标、评标过程全程录像。对25个学院新生院服采购及购买保险情况进行督查。全校各单位制定了《财务报销主要领导和分管领导审签制度》，实行各单位财务报销主要领导和分管领导审签制度，加强财务运行监督。

统战工作

【开展共识教育】 始终把加强政治引导、凝聚思想共识作为统一战线的首要任务，通过举办党外干部培训班、中央和自治区党委统战工作会议精神学习辅导班、纪念抗战胜利70周年座谈会、"重温历史，同心同行"参观考察等活动，引导统战成员提高思想认识，明确职责使命，自觉践行社会主义核心价值观，夯实共同思想基础。加大培训力度，提高综合素质。在井冈山举办了27名党外干部参加的"政治素质及能力提升培训班"，组织党派、团体负责人赴厦门大学学习考察，拓宽了视野，开阔了思路，支持和选派50余名统战成员参加上级部门和组织开展的学习培训活动。

【协助民主党派、团体加强自身建设】 各党派、团体先后开展了"坚持和发展中国特色社会主义""学精神、学党章、学党史"知识竞赛、纪念反法西斯战争胜利暨抗日战争胜利70周年座谈会等一系列主题教育和考察调研活动，自觉坚定"三个自信"。加强和重视民主党派、团体组织建设。协助民主党派组织修订《宁夏大学民主党派基层工作制度》，推动学校民主党派组织工作制度化、规范化。推动民主党派组织、团体开展先进基层组织评比活动，制定《宁夏大学统一战线创先争优评比表彰办法》，评选出民盟委员会、民进委员会和农工党总支为2013—2014年度先进集体，袁荣等30名成员为先进个人，逐步在民主党派、团体中营造争先创优的良好氛围。每季度组织召开党派、团体负责人例会，传达、学习中央、自治区以及学校相关会议、文件精神，商议工作中存在的困难和问题，交流工作中的亮点和经验，研究阶段工作重点，促进思想沟通和情况交流。2015年学校6个民主党派共发展成员12人，扩大了队伍，增强了活力。民进委员会荣获党派中央"社会服务工作先进集体"和区委会"先进基层组织"称号；民进二支部荣获"全国组织建设先进地方组织"荣誉称号；九三学社委员会被区委会授予"先进基层组织"称号；农工党总支在区委会组织的"学精神、学党章、学党史"知识竞赛中荣获二等奖；夏淑琴等8名成员荣获先进个人称号。

【民族宗教工作】 编辑民族团结宣传教育材料，对各学院民族宗教工作进行指导；开展"少数民族学生干部骨干培训班"，对300余名学生干部进行了理论培训和实践培训。深入各学院，就民族宗教工作难点、重点进行调研，组织学校民族宗教方面的专家学者，就新媒体对大学生宗教信仰的影响问题进行调研，为工作开展提供理论依据。2015年，宁夏大学教师马宗保入选自治区民族团结进步十大模范人物候选人。

【服务学校和地方发展】 统战成员将自身价值实现与学校建设发展紧密结合，在教学、科研等方面取得了骄人成绩，多人受到表彰奖励。吴晓红老师荣获全国"宝钢优秀教师奖"和自治区"最美教师"称号，张亚红老师获批享受自治区政府特殊津贴，郎伟老师被评为自治区首批"塞上名师"。开展了"两会"议案、提案信息征集工作，对有关推动学校各项事业发展、急需政府和有关部门协调解决的问题和建议，组织和协调代表、委员进行调查研究，鼓励代表、委员参与各级人大政协的考察调研活动。2015年以来，各级人大代表、政协委员在"两会"上共提交议案、提案、建议等72件，其中李进委员的提案被刘慧主席批示，要求经信委纳入"十三五规划"。将"同心工程"社会服务和"一省一校"项目相结合，整合资源，打造特色，组织统战成员在西夏区镇北堡镇开展生态园葡萄建设示范区、葡萄文化小镇、蔬菜育苗基地、有机蔬菜栽培和教师培训等形式多样的服务活动，打造具有宁夏大学特色的统一战线社会服务品牌。各民主党派根据各自优势，开展技术指导、文化下乡、专业培训、扶贫帮困、捐资助学等社会服务活动，赢得了广泛的社会赞誉。

安全保卫工作

【安全稳定工作】 党政领导高度重视，安全稳定工作落到了实处。2015年，学校组织召开了安全稳定工作会议，加强对全校安全稳定工作的顶层设计和统筹协调。按照校党委的总体部署和要求，以宣传教育为抓手，分层次、分步骤狠抓校园稳定和国家安全工作，让"稳定压倒一切"的理念逐步成为广大干部和师生员工的行动自觉。完善应急机制，明确处置原则，提高快速反应和应对突发事件的能力。加强信息员队伍建设和培训工作。共发展建立160余名信息员。通过培训，这些信息员在实际工作中发挥了很好的作用。采取行之有效的

措施，正确引导学生，化解了各种不安定因素，做好了敏感时期不稳定因素排查处置工作。

【维护校园治安秩序】 继续完善数字化平安校园安防视频监控系统建设，安装视频监控摄像机30台，有效维护了校园治安秩序。通过启用智能化门禁系统，加强了各校区门卫管理，坚持日巡查、月普查和重大案件上报制度，建立校园报警点，实行24小时校园门卫执勤和治安巡逻，进一步堵漏洞、保安全。

【消除火灾隐患】 认真贯彻落实自治区教育厅及消防部门的有关文件精神，认真开展各类消防安全隐患排查整治工作，对校内高层建筑、地下建筑、公共聚集场所等部位存在的火灾隐患进行专项整治，接受上级消防安全检查组督促检查4次，对检查组提出的问题督促相关部门进行全面整改。在认真开展日常消防安全检查的基础上，针对校园不同时期的防火特点，进行防火安全检查，全面检查校园消防设施并建立台账。积极开展消防安全教育和宣传活动，每周三下午在各学院师生中开展消防法规和消防安全知识教育，共培训23场次，培训师生员工5000余人次。邀请银川市社安消防安全知识培训中心的教官对师生、义务消防员和保安人员进行了2次灭火演练教育，邀请西夏区消防大队参谋对军训学生进行了培训和演练。通过培训和演练，提高了师生员工的消防安全意识和消防逃生自救技能。

【安全防范知识宣传】 通过校园网、校报、宣传栏等平台，宣传安全防范知识，提高师生员工的参与意识、法制意识和自我保护能力。为新生举办安全知识讲座，提高安全防范意识。结合高校实际编辑出版《大学生安全知识必读》。印发5万余份各类安全常识宣传彩页，提醒学生加强安全防范措施，增强安全防范意识。在综合治理宣传月活动中，共制作宣传展板100余块，悬挂横幅50余条。

工会工作

【为教职工办实事、好事】 组织女职工参加安康保险，参保 650 人；组织全校 2010 名教职工体检；对患有重大疾病教职工给予大额医疗补助，共计 13 人、22 万余元；建立完善特困、大病等帮扶对象档案 65 份；继续组织 120 余名教职工参加暑期定点、定线疗养；外国语学院、农学院、新华学院、化学化工学院等基层工会积极建设"职工小家"，支持经费 5 万元；募集爱心互助基金捐款 15 万余元。支持各基层工会在"三八"妇女节、教师节等节日开展多种形式的活动，经费共计 70 余万元；在教师节、春节等节日期间慰问部分教职工，发放慰问金 8 万余元；为退休教职工发放价值 2.8 万元的纪念品。

【开展文化体育活动】 举办宁夏大学教职工"春之韵"诗歌朗诵活动，26 支代表队共 200 余名教工参赛。举办第七届教职工趣味运动会、教职工双扣升级比赛、夏季桥牌比赛、第三届冬季长跑（走）活动。组队参加宁夏高校第七届教职工乒乓球、羽毛球比赛，取得乒乓球团体冠军、羽毛球混合双打季军的好成绩。自治区"促就业、维权益、入工会"主题工会知识进高校活动在学校正式启动。此外，举办了主题为"促就业、维权益、入工会"的工会知识进校园师资培训班，第八届工会委员会委员及各学院分管学生工作的负责人参加了培训。2015 年，农学院教师蒋全熊被自治区总工会授予自治区先进工作者荣誉称号；外国语学院被自治区总工会授予"模范职工小家"荣誉称号。

共青团工作

【干部培训】 举办"青年马克思主义者培养工程"班、团学骨干、少数民族学生干部骨干培训班；改进团组织推优工作；开展"四进四信""我的中国梦"等系列主题团日活动。重视引领服务团员青年。深入加强社会主义核心价值观教育；实施共青团"红网工程"；开通"青年之声·宁夏大学"互动社交网络服务平台。持续开展大学生社会实践和青年志愿者活动。"心灵阳光"青年志愿者行动特色明显；在全区、全国"挑战杯"等科技创新赛事中成绩斐然。

【助推校园文化建设】 以咖啡屋、文化广场、英才报告厅为阵地，开展"三走""两节"和高雅艺术进校园等系列品牌活动，推动校园文化建设。

附:

党组织、党员基本情况表

项 目		数量(个)
基层党组织	学院党委	19
	党总支	6
	直属党支部	33
	基层党支部	155
党 员	教工党员	1616
	离退休党员	695
	学生党员	3126

民主党派、人民团体基本情况一览表

民主党派、人民团体	负责人	成立时间	人员数(人)		在职人员职称情况(人)			
			在 职	总 数	正 高	副 高	中 级	其 他
民革宁夏大学支部	王振平	1999	12	19	5	5	1	1
民盟宁夏大学委员会	高玉琢	1999	68	103	18	30	19	1
民建宁夏大学支部	马 萍	1999	14	21	7	4	1	2
民进宁夏大学委员会	刘 明	1997	46	72	13	18	14	1
农工党宁夏大学总支	李 进	2003	31	39	9	14	8	0
九三学社宁夏大学委员会	张亚红	2001	38	79	10	14	11	3
宁夏大学归国华侨联合会	藏志勇	1999	12	66	3	2	5	2
宁夏大学台胞台属联谊会	雷 慧	1999	8	31	3	3	1	1
宁夏大学党外知识分子联谊会	马宗保	2012	38	38	16	13	6	3
合 计	—	—	267	468	84	103	66	14

宁夏大学教职工在各民主党派自治区委员会任职情况

中国民主促进会宁夏区委会副主任委员:王春秀

中国农工民主党宁夏区委会副主任委员:李　进

九三学社宁夏区委会副主任委员:张亚红

中国国民党革命委员会宁夏区委会常委:王振平

中国民主同盟宁夏区委会常委:曾祥岚

中国民主建国会宁夏区委会常委:张小盟

中国民主建国会宁夏区委会委员:倪　刚

中国民主促进会宁夏区委会委员:刘　明

宁夏大学各级人大代表、政协委员及政府参事

全国第十二届政协委员:马宗保

自治区第十一届人大代表:何建国　马宗保

自治区第十届政协委员:

　　齐　岳　王春秀　王振平　曾祥岚　倪刚　刘　明　李　进　张亚红　李玉红　郝育兰

　　毛明杰(增补)

银川市第十四届人大代表:马永利

银川市第十二届政协委员:毛明杰　薛　屏　刘成敏　张军翔

西夏区第三届人大代表:王岩森　那　黎　李培富

西夏区第三届政协委员:王振平　张军翔　曹云娥　朱志玲　贾述道　马东彦

自治区政府参事:李　伟

自治区文史馆研究员:齐　岳　张尔闻　撤学文

自治区文史馆员:杜桂林　刘志才　窦连荣

团组织建设基本情况统计表

项　　目		数　　量
团组织	学院团委	21(个)
	团总支	3(个)
	教工团支部	—
	学生团支部	663(个)
团　员	学生团员	22026(名)
	教工团员	—
团　校	分团校	24(所)

新闻媒体上的宁夏大学

媒　体	报道时间	报　道　标　题
人民日报海外版	1月7日	宁夏大学中国—阿拉伯研究院成立
人民日报海外版	1月6日	"我们对中国发生的奇迹感到非常的骄傲！" ——阿曼苏丹国驻华大使阿卜杜拉·萨阿迪访谈
人民日报海外版	1月13日	阿盟驻华办事处主任的"中国缘"
银川晚报	1月16日	杨海峰油画作品展18日银川开展
光明网	1月18日(转自《银川晚报》)	象境——杨海峰油画展作品选登
银川新闻网	1月18日	杨海峰油画作品展在银川展出
新消息报	1月19日	"杨海峰油画作品展"银川美术馆开展　最近又有画展看
宁夏日报	3月2日	全国第四届大学生艺术展演活动中宁夏大学喜获佳绩
银川晚报	3月4日	陈宏：那是个闪亮的日子　宁夏大学大艺展载誉归来
宁夏日报	3月23日	用心血呕出每一个字符——纪录片《神秘的西夏》系列报道之一
宁夏文明网	3月23日	用心血呕出每一个字符——纪录片《神秘的西夏》系列报道之一
人民网	3月27日(转自《宁夏日报》)	用心血呕出每一个字符——纪录片《神秘的西夏》系列报道之一
新浪网	3月31日(转自每日经济新闻)	金忠杰：应发展通道经济
网易新闻	3月31日(转自每日经济新闻)	金忠杰：应发展通道经济
宁夏新闻网	3月27日	美国一乐队来宁大音乐会友
宁夏新闻网	4月1日	宁夏大学掀起学习习仲勋革命精神热潮
人民网	4月1日	宁夏大学掀起学习习仲勋革命精神热潮
宁夏日报	4月3日	宁大团队成功入选国家大学生"小平科技创新团队"
宁夏文明网	4月3日	宁大团队成功入选国家大学生"小平科技创新团队"
宁夏新闻网	4月8日	宁夏大学举办2015届农科类毕业生专场招聘会
人民网	4月8日	宁夏大学举办农科类毕业生专场招聘会
东方网	4月9日	农科类毕业生成了"香饽饽"
宁夏新闻网	4月15日	宁夏大学举办"思法治之精神　品大学之情怀"主题论坛
银川晚报	4月15日	农科类毕业生抢手　搭上宁夏现代农业发展的快车

续表1

媒 体	报道时间	报 道 标 题
搜狐网	4月16日	中宁县2015年校园专场招聘会"走进"宁大
中宁政府网	4月16日	中宁县2015年校园专场招聘会"走进"宁大
新消息报	4月22日	天津卫视《非你莫属》百场校园行活动走进我校
银川晚报	4月22日	韩束老总来宁大讲创业
银川晚报	4月22日	宁夏大学"博亚论坛"
央视网	4月28日	宁夏大学众创空间:学校搭台 市场把脉 让创意更接地气
银川晚报	4月28日	李耕花鸟画作品欣赏
银川晚报	4月28日	周一新作品选登
中国摄影报	5月5日	马鑫:做忠于内心的记录
宁夏日报	5月7日	200家企业宁大上演"抢人"大战 4000个岗位虚席以待
央广网	5月7日(转自《宁夏日报》)	200家企业在宁大上演"抢人"大战
宁夏就业与创业网	5月7日	4000岗位虚席以待 200家企业宁大上演"抢人"大战
新民网	5月7日	宁夏大学举办2015届毕业生夏季校园"双选"洽谈会
新华网宁夏频道	5月7日	宁夏大学举办2015届毕业生夏季校园"双选"洽谈会
宁夏新闻网	5月7日	宁夏大学举办2015届毕业生夏季校园"双选"洽谈会 校政企联动 200多家用人单位提供4000个就业岗位
新消息报	5月8日	宁夏大学专场招聘
宁夏新闻网	5月20日	宁夏大学"博亚文化"论坛第十八场开讲 一场关于回族音乐与流行音乐的对话
银川晚报	5月27日	首届全区大学生化工仿真大赛 交流提高选拔人才
新华网宁夏频道	6月1日	"一带一路"银川经济发展高峰论坛启幕
新华网	6月10日	卡塔尔驻华大使出席宁夏大学阿拉伯国家大使论坛
东方网	6月10日	卡塔尔驻华大使在宁演讲
宁夏日报	6月10日	卡塔尔驻华大使在宁演讲
宁夏新闻网	6月10日	宁夏大学"博亚文化"论坛第十九场开讲
光明网	7月4日	宁夏大学大学生创新 创业孵化基地揭牌
人民网	7月4日(转自《宁夏日报》)	宁夏大学大学生创新 创业孵化基地揭牌
汉丰网	7月7日(转自《新消息报》)	宁大携手企业共建大学生创新创业孵化基地
新消息报	7月7日	宁大携手企业共建大学生创新创业孵化基地
新华网	7月11日(转自《宁夏日报》)	宁夏大学亚马逊云计算学院成立
人民网	7月11日(转自《宁夏日报》)	宁夏大学亚马逊云计算学院成立
央广网	7月11日(转自宁夏新闻网)	宁夏大学亚马逊云计算学院成立
中卫日报	7月15日	以道德为主料熬制鲜美的素养高汤
宁夏新闻网	7月20日	2015年全国中青年农业经济学者学术年会在宁夏召开
新民网	7月20日(转自宁夏新闻网)	2015年全国中青年农业经济学者学术年会在宁夏召开
宁夏新闻网	7月23日	2015年全国体育社会科学年会在宁夏大学举行
宁夏新闻网	7月28日	宁夏大学2015年普通本科一批次招录工作圆满结束
新华网	7月28日	宁夏大学2015年普通本科一批次招录工作圆满结束
搜狐网	7月28日(转自新华网)	宁夏大学2015年普通本科一批次招录工作圆满结束
宁夏新闻网	7月31日	宁夏大学被评为2015年度全国毕业生就业典型经验高校
新民网	7月31日(转自宁夏新闻网)	宁夏大学被评为2015年度全国毕业生就业典型经验高校

续表 2

媒　体	报道时间	报　道　标　题
银川晚报	8月1日	宁夏大学获评全国就业典型经验高校
宁夏新闻网	8月5日	2015年中国工程院院士增选　宁夏大学田军仓教授晋级第二轮
央广网	8月6日(转自宁夏新闻网)	中国工程院院士增选　宁夏大学田军仓晋级
宁夏新闻网	8月10日	宁夏大学新华学院在全国机器人大赛中获得佳绩
宁夏网	8月11日	宁大筝团　奏响狮城
宁夏日报	8月11日	宁夏大学古筝乐团夺金归来
宁夏日报	8月11日	蒋全熊:从"铁人教授"到致富主心骨
宁夏文明网	8月11日(转自《宁夏日报》)	从"铁人教授"到致富主心骨——记宁夏大学蒋全熊教授
宁夏新闻网	8月17日	宁夏大学举行高校心理咨询教师"萨提亚"模式培训
宁夏新闻网	8月22日	全国MPA培养院校2015年院长工作会议在银川召开
新民网	8月22日(转自宁夏新闻网)	全国MPA培养院校2015年院长工作会议在银川召开
央视网	8月22日	全国MPA培养院校2015年院长工作会议在银川召开
宁夏新闻网	8月23日	第三届思想政治理论课程建设高端论坛在宁夏大学举行
宁夏新闻网	9月1日	宁夏大学一项目入选2015年度《国家哲学社会科学成果文库》
宁夏新闻网	9月1日	中国棉纺织产业升级高峰论坛在宁夏银川举行
宁夏新闻网	9月3日	宁夏大学举办系列活动纪念抗战胜利70周年
央广网	9月3日(转自宁夏新闻网)	宁夏大学举办系列活动纪念抗战胜利70周年
宁夏电视台	9月3日	宁夏大学师生共同观看阅兵盛典直播
人民网	9月7日	专家学者深入探讨　挖掘回族历史文化资源 中国回族学高峰论坛暨丝绸之路与中阿文化交流国际学术研讨会举行
央视网	9月7日	丝绸之路与中阿文化交流国际学术研讨会召开
宁夏日报	9月8日	中国回族学高峰论坛在银召开
新华网	9月12日	越来越多宁夏大学生留学阿拉伯国家
人民网	9月12日(转自新华网)	越来越多宁夏大学生留学阿拉伯国家
宁夏新闻网	9月15日	教育家邹中棠激励宁夏大学四千新生为梦想奋斗
银川晚报	9月16日	宁夏高校首届器乐大赛总决赛在宁大举行
光明网	9月16日(转自《银川晚报》)	宁夏高校首届器乐大赛总决赛在宁大举行
宁夏新闻网	9月16日	宁夏高校首届器乐大赛总决赛在宁大举行
宁夏新闻网	9月16日	让"高大上"的云计算更"接地气" 宁夏大学"博亚文化"论坛第二十场开讲
宁夏新闻网	9月17日	沪上学子重返丝绸之路　同台竞技尽显青春风采
央广网	9月17日(转自宁夏新闻网)	让"高大上"的云计算更"接地气"
宁夏新闻网	9月18日	宁夏大学吴晓红教授荣获2015年宁夏"最美教师"殊荣
新华网	9月21日	宁夏大学参加"9·3"阅兵式学生孙海强分享成长经历
宁夏日报	9月22日	上海国际艺术节校园行放歌宁夏
中国高校之窗	9月23日	宁夏大学老教师艺术团舞蹈队在第四届全国全民健身操舞大赛总决赛中荣获佳绩
中国高校之窗	9月23日	宁夏大学学子喜获2015年美国大学生数学建模竞赛Honorable Mention奖
中国日报	10月9日	我校外教Melissa Kay Smith接受China Daily采访
宁夏新闻网	10月10日	宁夏大学教师获首届全国高校数学微课程教学设计竞赛一等奖

续表3

媒　体	报道时间	报道标题
宁夏日报	10月10日	亚洲国际文化艺术节邀请赛宁夏学子捧回银奖
人民网	10月10日(转自《宁夏日报》)	亚洲国际文化艺术节邀请赛宁夏学子捧回银奖
新华网	10月11日	宁夏大学举行"北方民族与丝绸之路"博士后论坛
银川新闻网	10月11日	数字看宁夏大学招生变化
银川政府网	10月11日(转自银川新闻网)	数字看宁夏大学招生变化
中国民族宗教网	10月12日	宁夏大学举行"北方民族与丝绸之路"博士后论坛
新华网	10月12日	专家共商"一带一路"框架下中国语言文化对阿传播
宁夏新闻网	10月12日	为"一带一路"战略铺好"语言之路" "一带一路"战略与中国语言文化对阿传播高峰论坛在银川举办
宁夏新闻网	10月13日	数字看招生:宁夏大学生源质量明显提升
宁夏新闻网	10月13日	宁夏大学孔子学院举办第二届全球孔子学院日暨孔子学院成立11周年庆祝活动
银川政府网	10月13日	"一带一路"战略与中国语言文化对阿传播高峰论坛在银川举办
银川政府网	10月13日	金凤区携手宁大共建创业孵化基地
银川日报	10月14日	贺兰县携手宁大共建大学生创业园
宁夏日报	10月14日	宁夏大学国家大学科技园(贺兰)大学生创业园揭牌
宁夏日报	10月14日	金凤区举行基地建设与人才签约仪式
银川晚报	10月14日	贺兰联合宁大成立创业园
宁夏新闻网	10月21日	宁夏大学"博亚文化论坛"聚焦"一带一路"
央广网	10月22日(转自宁夏新闻网)	宁夏大学"博亚文化论坛"聚焦"一带一路"
宁夏自治区人民政府网	10月22日	宁夏大学"博亚文化论坛"聚焦"一带一路"
宁夏新闻网	10月23日	第13届宁夏大学·岛根大学国际学术会议举行
宁夏新闻网	10月27日	宁大人将首次做客《百家讲坛》
央视网	10月31日	宁夏大学新农村发展研究院基地举行共建签约揭牌仪式
宁夏日报	11月1日	全国首家光伏农业研究院在宁夏大学揭牌成立
人民网	11月1日(转自《宁夏日报》)	全国首家光伏农业研究院在宁夏大学揭牌成立
新华网	11月1日(转自《宁夏日报》)	全国首家光伏农业研究院在宁夏大学揭牌成立
人民日报	11月1日	梅香宁夏川——记宁夏大学美国专家史梅淳
央广网	11月12日	宁夏大学生关注本土产业的创业与发展 宁夏大学"博亚文化"论坛第二十二场开讲
宁夏就业与创业网	11月12日	宁夏大学生关注本土产业的创业与发展
巴彦淖尔政府网	11月16日	何永林赴宁夏大学推进市校深度合作工作
宁夏新闻网	11月16日	首届中阿智库对话——贺兰山论坛举行
宁夏新闻网	11月16日	宁夏大学阿拉伯大数据平台开通
光明日报	11月16日	中阿智库对话——贺兰山论坛在银川举行
央广网	11月17日(转自宁夏新闻网)	宁夏大学阿拉伯大数据平台开通
宁夏新闻网	11月17日	中阿法律咨询服务中心在宁夏成立
新华网	11月17日	首届中阿智库对话——贺兰山论坛举行
宁夏日报	11月17日	中阿智库对话——贺兰山论坛在银开幕
中国网城市经济	11月19日	跨国合作 宁夏成立专家库为中阿合作提供法律服务

续表4

媒　体	报道时间	报　道　标　题
银川日报	12月2日	编撰《西夏通志》——让消失的历史重现
宁夏新闻网	12月3日	"一带一路上的文化:中阿交流文化数据库"在京启动
宁夏新闻网	12月3日	"一带一路上的语言"系列丛书在京发布
中国经济网	12月3日	我国发布首个基于"一带一路"的中阿文化交流数据库—暨"一带一路"上的语言系列丛书发布
人民网	12月3日	中阿文化交流数据库正式启动 将服务"一带一路"建设
中国青年网	12月3日	中阿文化交流数据库发布 开启"网上丝绸之路"智库
人民网	12月3日	中阿文化交流数据库暨"一带一路"语言系列丛书发布
人民政协报	12月4日	中阿文化交流数据库暨"一带一路"上的语言系列丛书发布会在京举行
宁夏日报	12月4日	"一带一路"上的语言系列丛书在京首发
宁夏新闻网	12月9日	"90后"公益达人支招高校新媒体建设
光明日报头版头条	12月15日	地方高校创新驱动要有大作为——访宁夏大学党委书记金能明、校长何建国
中国社会科学网	12月15日(转自《光明日报》)	地方高校创新驱动要有大作为——访宁夏大学党委书记金能明、校长何建国
中国青年网	12月15日(转自光明网)	访宁夏大学党委书记金能明、校长何建国
中国文明网	12月22日	宁夏第五届全国道德模范事迹报告团走进宁夏大学

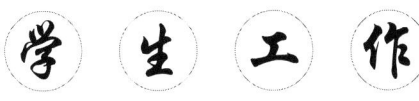

The Annual of Ningxia University

招生工作

【招生奖励】 继续推行全校动员、共同参与的招生工作机制,突出学院在招生宣传咨询、生源基地建设等方面的主体地位。继续设立"优秀新生奖学金",吸引优秀考生。对一志愿报考宁夏大学、实考成绩超过考生所在省一本分数线80分以上者,奖励1万元;对一志愿报考宁夏大学、实考成绩超过考生所在省一本分数线50分以上者,奖励5000元;对一志愿报考宁夏大学、实考成绩超过考生所在省一本分数线20分以上者,奖励价值500元左右的学生公寓用品一套。

【招生计划】 2015年,全校招生计划总数4925,其中,本科4155、本科预科770,实际录取本科4198、本科预科770。国际化办学专业招生计划圆满完成,会计学(SQA HND)、工商管理(SQA HND)共录取86人;食品科学与工程类(葡萄与葡萄酒工程国际课程班)、工商管理类(葡萄酒营销国际课程班)、旅游管理(葡萄酒文化与旅游管理国际课程班)共录取201人。

【中卫校区招生情况】 中卫校区本二批次招生顺利完成,旅游管理、电子商务、软计工程(云计算方向)、市场营销、化学工程与工艺共录取465人。生源质量明显提高。2015年获得新生一等奖学金16人,二等奖学金66人,三等奖学金830人,获奖学生人数较2014年有大幅度提高。其中,提前录取批次中,贫困专项录取投档分数线文史类在一本线齐线录满,理工类在一本线上5分录满;农村专项录取文史类在一本线齐线录满,理工类一本线上8分录满;区内艺术联考高分考生多被学校录

取。本科一批次中,区内平行志愿投档率达到100%,实际录取文史类在一本线上4分完成计划,理工类在一本线上19分完成计划,较2014年有大幅度提升。区外本科一批次录取平均分超过当地省份本科一批次录取分数线20分以上的达14个省份。本科二批次中,涉农专业录取文史类超二本线18分,理工类线上7分;中卫校区全部齐线完成计划;葡萄酒学院文史类线上10分,理工类线上7分;国际教育学院文史类线上6分,理工类线上27分。2015年新生报到率98.7%,超过往年新生报到率近2个百分点。

学生思想教育与服务工作

【做好教育服务】 2015年学生思想政治教育工作紧紧围绕"一条主线",建设"两支队伍",坚持"三个结合",深化"三个走进",打造"三个平台",学生思政教育与专业能力发展紧密结合,协调推进,充分发挥思政教育在人才培养中的组织保障作用。"一条主线"是指紧紧围绕"育人为本、德育为先"这条育人主线,把牢人才培养质量的"总开关"。建设"两支队伍"。"两支队伍"是指学工教师队伍和学生干部队伍。学校按师生1:200比例科学合理地配备学生专职辅导员,以"政治强、业务精、纪律严、作风正"的标准,加强对学工干部的教育和培养,使辅导员真正成为学生健康成长的指导者和引路人。以班长培训班为主要载体,不断加强学生干部的培养力度,使学生干部、学生党员成为学生自我管理、自我服务、自我教育的重要力量。"三个结合"是指:结合"两季教育"抓好"入口"和"出口"教育,即通过"迎新季"和"毕业季"

系列活动的开展,夯实学生大学生涯的基础,把好"入口关",同时,通过"毕业季"增强毕业生爱校、荣校的情怀,强化"出口关"。结合"三个阶段"做好目标与过程教育,即在入校教育、在校教育、离校教育三个阶段,分阶段、分层次做好学生专业能力和综合素质提升教育。结合网络思政和第二课堂做好"线上线下"教育,利用网络思想政治教育新阵地,形成网上网下思想政治教育的合力,牢牢把握网络思想政治教育的主动权。同时,坚持以学生第二课堂活动阵地为依托,多形式、多载体、多平台培育浓郁的校园文化氛围,着力形成良好的班风、学风和校风。深化"三个走进"。校领导、学校中层干部、学院"三办"主任、辅导员定期开展进学生公寓、进学生课堂、进学生食堂活动,进一步了解学生,融洽师生关系。打造"三个平台"。即,学生事务管理信息化平台—包括学籍管理平台、学工系统、迎新系统三大平台,重点解决学生事务管理信息化、规范化、人性化。先进榜样教育平台—将优秀学子的"成长故事""我的大学"等文章,专门刊发并编辑《榜样的力量》等文集,对在校学生进行教育引导。同时,编辑《规矩与方圆——学生违纪案例读本》,让学生自我警醒。育人讲坛教育平台—邀请校内外文化名人进校园,对在校学生进行教育引导。

【科学做好心理健康教育】 高度重视大学生心理健康教育工作,探索形成了"12345"心理健康教育工作模式。"1"即注重一个专业心理机构与工作队伍建设。建设集心理健康教育、心理咨询、心理素质拓展训练为一体的专业化、标准化心理服务机构。建立一支以专职教师为骨干、兼职教师为补充的工作队伍。"2"即抓好两个心育主渠道。开设《大学生心理健康教育》《大学生心理健康教育》《自信心与人际沟通训练》《爱情心理学》《人格与生命教育》等系列心育课程,每年选

修学生2000余人。开通心理咨询热线,建立宁夏大学心理网,面向学生提供个别咨询、团体辅导、心理素质训练、电话咨询、网络咨询等多种心理服务。"3"即构成心育三级工作网络模式。建立校心理中心—院级心理辅导站—班级心理委员三级网络工作模式,自上而下逐级关注全校大学生心理健康状况,做到"早发现、早预防、早处理"。"4"即形成四个心育工作特色。朋辈辅导—筛选、培训适宜的学生成为朋辈辅导员,帮助新生尽快融入新环境,适应大学生活。心理危机干预—当心理危机事件发生后,及时对相关学生进行心理辅导。心理测评建档—针对新生中需重点关注的学生进行心理访谈,根据每位同学的实际情况提出建议,并进行特别关注。社会服务—组织专兼职教师和心理社团学生走向社会为各企事业单位开展员工心理援助、心理体检等心理服务。"5"即每年五月,组织开展丰富多彩的心理教育专题活动。2015年举办了"宁夏大学首届心理手语操大赛"等活动。

资助工作

【家庭经济困难学生资助全覆盖】 按照"精准资助"的资助工作方针,提出"资助育人"的"1+2+3+4+9"工作理念,使资助工作实现找对人、使对劲、用对法的精准化道路。"1"是一个成长计划。对每一个受资助的学生制订成长计划,建立档案,记录受助后的学业成长、生活轨迹、回馈社会的历程。"2"开设新生资助政策教育课、毕业生生源地贷款政策教育课,帮助新生及毕业生全面了解国家及学校的资助政策。"3"是三个教育服务周。"绿色通道"服务周,切实保障每一位家庭经济困难学生顺利入校。诚信感恩教育周,让每一名获得生源地贷款资助的学生认识诚信感恩的重要性。励志成才

教育周,让每一名受资助的学生合理规划学业,励志成才。"4"是四个资助管理措施。中期审核制,在学生接受奖助学金资助的中期阶段,评估受助学生的学习成绩和生活情况,动态管理学生。家庭回访制,重点回访受助学生,掌握学生家庭的实际情况和资助款的使用情况,为精准资助提供可靠依据。答辩考核制,对参加勤工助学岗位的学生,进行面试答辩上岗,并每个月进行考核。志愿服务达标制,每一名受到资助的学生参加公益活动,达到相应学时,认定完成资助过程。"9"是九个资助育人项目平台。

【校园公益】 校园微公益——倡导每位受助学生捐助一元钱设立"微梦想基金"。大益爱心茶室——通过大益爱心茶室的创业平台,实现家庭经济困难学生的资助创业、文化传播、素质培养。爱心驿站——由家庭经济困难学生自愿组建,汇聚全校师生爱心,使爱心物品有效流动。勤工助学团队——在校内外设立勤工助学岗位,通过岗位实践,实现能力提升。明德社——由获得明德奖学金的学生组建,根据明德基金会的要求和指导,开展师范生技能提升、学术创新和公益活动。丰田自我成长小组——由获得丰田助学金的学生组成,开展自我成长活动。自强社——由获得新长城助学金的学生组建,主要开展募集爱心包裹活动。微视频大赛——以受助学生励志成才为主线,拍摄微视频,传播正能量。添翼计划——通过举办各类能力培训班,实现经济脱困、能力提升。

【扶助资金】 2015年,发放本科、预科、研究生奖助学金等共4664.97万元,较2014年增加1093万元,增长31%。落实学生资助政策,办理助学贷款2797万元,受助学生6032人,较2014年增加448万元,增长19.07%。

就业创业工作

【个性化发展职业教育体系】 3779名学生选修《大学生职业发展与就业指导》《创业基础》公共选修课。开放校院两级大学生职业发展咨询室,760名学生参加个体咨询,1730名学生参加团体辅导。举办"就业创业双选服务月"和"就业创业宣传教育月"活动,开展210项主题教育活动。

【就业创业工作队伍建设】 选派31名教师参加职业生涯规划师、生涯教练、创业咨询师、就业指导师培训,选派18名工作人员参加大学生就业创业指导服务国际研讨会,组织54名工作人员参加学生工作队伍大学生职业发展知识专题培训班。

【开拓区内外就业市场】 在巩固区内就业市场的同时,积极拓展区外就业市场,建立1800余家用人单位信息库。举办中宁县、吴忠市2015年宁夏大学专场招聘会及冬、夏两季校园"双选"洽谈会,组织校园专场招聘会320场,为毕业生提供了27600余个就业岗位,供需比超过1:5.6。

【就业创业工作信息化建设】 完善就业创业服务网,健全、畅通毕业生信息渠道,充分利用飞信、微信和QQ群等新媒体,形成校院互动、两级全覆盖的毕业生就业创业信息服务体系。其中,就业创业指导服务中心和校园资讯2个公众微信平台,关注学生达24320人,就业创业服务网日点击量超过14000次。

【就业困难毕业生帮扶】 出台鼓励优秀毕业生赴新疆工作支持政策,推荐24名学生赴新疆克州乡镇工作。落实自治区关于低保家庭和残疾毕业生求职补贴政策,682名毕业生每人获1000元政府补助。实施华民慈善基金会大学生就业扶助项目,100名家庭经济困难学生每人获3000元资助。建立就业困难毕业生帮扶机制,65名就业困难学生

顺利升学或就业。

【大学生创新创业服务体系创建】 建设大学生创新创业训练基地和创客空间,征集44个创业项目进驻创业苗圃和孵化区。举办10期创业意识和创业能力培训班,举办13期创业工作坊、创业众智汇、创业大讲堂和创业沙龙活动。引入大学生创业实训系统和创新创业教育网络学堂。承办宁夏首届网络创业大赛高校赛区比赛,征集到173项大学生创业项目。在宁夏"百联汇"创业大赛中,3个学生创业项目进入前10强,在宁夏首届网络创业大赛中,1个研究生创业项目获季军。KAB创业俱乐部被共青团中央评为"全国十佳KAB创业俱乐部"。举办了第二届"大学科技园杯"创业大赛。投入30万经费扶持31个大学生创业项目。在宁夏盛天彩数字科技股份有限公司建立宁夏大学国家大学科技园大学生创新创业孵化基地,在中卫市建立宁夏大学大学生创新创业实践基地,在宁夏德龙酒业有限公司、贺兰县分别建立宁夏大学国家大学科技园大学生创业园。2015年宁夏大学共有毕业生4915名,初次就业率54.3%,年终就业率超过93%,毕业生创业率1.05%。荣获教育部2015年度全国毕业生就业典型经验高校。

附：

社会资助情况统计表

类　别	名　　称	资助单位	受助人数	资助金额(万元)
政府资助	国家奖学金(本科生)	教育部、财政部	37	29.6
	国家励志奖学金(本科生)		650	325.0
	国家助学金(本科生)	教育部、财政部、自治区	1615	646.0
			3236	809.0
	"西部开发助学工程"助学金	自治区精神文明办	12	6.0
	2014—2015学年经济困难学生补助	教育部	1	2.0
		新疆内学办	5	3.0
	2014—2015学年新疆助学金	新疆内学办	520	60.5
	2015—2017学年特殊困难学生补助	教育部	1	0.2
	2015—2016学年第一批助学金		1200	145.0
	研究生国家奖学金	教育部、财政部	49	101.0
	研究生国家助学金		2191	1351.0
	研究生学业奖学金	教育部、财政部、财政厅	888	559.5
社会资助	宁夏燕宝奖学金	宁夏燕宝基金会	4919	1967.6
	稻盛京瓷西部开发奖学金	中国友好和平发展基金会	15	4.5
	松下育英奖学金		20	2.0
	香港海鸥助学金	香港海鸥助学团	300	60.4
	新长城自强助学金	中国扶贫基金会	2	0.5
	丰田助学金	中国宋庆龄基金会	40	14.0
	新疆少数民族学生困难补助	新疆教育厅	67	4.4
	应善良助学金	应善良福利基金会	120	36.0
	宝钢教育奖	宝钢教育基金会	8	8.0
	红十字会助学金	宁夏红十字会	1	0.1
	华藏奖学金	华藏孝廉基金会	13	3.4
	孝廉学生奖学金		12	
	孝廉教师奖学金		2	
	明德奖学金	明德师范教育奖励基金	180	36.0
	大益爱心奖学金	云南大益爱心基金会	50	10.0
	张光斗奖学金	清华大学教育基金会	1	0.8
	宁夏程灵华女士资助	西夏热电厂程灵华女士	1	0.2
	宁夏大学瑞信科技创新创意奖学金	宁夏瑞信安琪爱心基金会	33	10.0
	宁夏卓德优才奖学金	宁夏卓德集团	10	4.0
	宁夏郭先生资助	宁夏郭先生资助	1	0.5
	辅德读书奖学金	辅德律师事务所	28	3.1
合　计	32(项)	—	16228	6203.3

The Annual of Ningxia University

【"十三五"发展规划编制】 组织全校所有部门开展"十二五"发展成绩及经验总结、分析工作,召开不同层面的"十三五"规划编制研讨会,制订《宁夏大学"十三五"发展规划编制工作方案》,启动学校"十三五"发展规划和各专项发展规划编制工作。经过认真酝酿、反复讨论,形成学校"十三五"发展的基本思路:紧紧围绕办学总目标,坚持内涵发展、特色发展、创新发展、开放办学和共享发展的基本思路,积极融入国家"一带一路"建设和"四个宁夏"建设,在关键领域实现重点突破。一是以人才培养为根本,将创新创业教育融入人才培养全过程,构建个性化、多元化的人才培养体系;二是以一流学科建设为统领,推进学科建设常态化,力争2~3个学科进入国内一流学科;三是以科研创新为驱动,实现省部共建国家重点实验室、国家"2011计划"协同创新中心或国家级智库建设零的突破;四是以落实《宁夏大学章程》为契机,全力推进学校治理能力及治理体系现代化。

【学校综合改革顶层设计】 结合学校实际,深入开展综合改革调查研究和意见建议征集活动,梳理学校发展面临的问题。坚持以问题为导向,先后召开5个层面的座谈会,听取各方面意见,制定《宁夏大学综合改革方案提纲》。凝练形成学校综合改革方案的"1546"基本思路:围绕1个总目标,坚持5项改革原则,抓住4条改革主线,实现6大重点领域突破。围绕办学总目标,坚持5项改革原则,问题导向、重点突破、顶层设计、先行先试、强化激励、激发活力、因校制宜、需求导向,统筹规划、分步实施。抓住4条改革主线,一是将创新创业教育融入人才培养全过程,构建个性化多元化人才培养体系。二是以一流学科建设为统领,全面提升学校综合实力。三是深化资源配置机制改革,提升服务保障能力。四是落实《宁夏大学章程》,推进学校治理体系及治理能力现代化,实现人才培养改革、一流学科建设、人事制度改革、资源配置机制改革、校院两级管理改革、现代大学制度建设六大重点领域改革。通过综合改革,破解发展难题,激发内生动力和创新活力,为学校"十三五"规划的顺利实施披荆斩棘、保驾护航。

【学科建设常态化】 坚持"211工程"三期建设以来形成的"以学科建设为龙头,把学科方向、人才培养、队伍建设、科学研究、社会服务等学科要素有机结合、整体推进"的工作思路,按照"突出特色,重点扶持,提升层次,促进发展"的原则,推进学科建设常态化,构建适应区域经济社会发展需求的重点学科体系。一是围绕自治区"十三五"重点发展领域,组织开展"十三五"自治区优势特色学科和重点学科的校内遴选,草学、化学工程与技术、恢复生态学、电子科学与技术、食品科学、生物化学与分子生物学、水利水电工程、园艺学8个学科获批立项为"十三五"自治区优势特色学科,中国少数民族史、数学、中国语言文学、哲学、固体力学、回族学、英语语言文学、马克思主义中国化研究8个学科获批立项为"十三五"自治区重点学科,重点学科体系进一步完善。在重点学科投入机制、建设模式、考核评价体系、奖惩退出机制等方面进行了系统设计和初步改革实践,为形成可复制、可推广的常态化学科建设新模式奠定了基础。二是积极开展国家重大学科建设专项申报的前期准备工作。先后邀请上海交通大学杨颉教授、教育部学位与研究生教育发展中心林梦泉研究员、厦门大学史秋衡教授,围绕"十三五"学科规划制定、

学科评估、一流学科建设等主题进行了交流与研讨,对学校在一流学科建设中具有的优势、面临的挑战、"短板"进行了全面分析和研判。

【"中西部高校提升综合实力"建设任务落实】2015年是"中西部高校提升综合实力"2012—2015年建设周期的收官之年,全年共完成2.2亿元的建设任务,实现了项目建设进度、质量、效益的同步提高。全校各类实验室、实践实训基地、图书文献资料、电子数据库、校园网络及信息化、运动场地等基础办学条件得到了明显改善。通过专项支持,组建了国家级对阿研究高端智库——中国阿拉伯国家研究院,引进了国内有重要影响力的国际关系研究专家2名,自主开发了中阿文化交流数据库和阿拉伯国家大数据平台,填补了国内相关领域的空白。8份内部决策咨询得到了中办、教育部、中联部、国安委、政法委及自治区党委、政府主要领导的采纳,相关国家实证研究得到有关部委重视。先后选派200名学生赴埃及苏伊士运河大学等国外高校,实行"阿语+专业方向"复合型中阿联合培养模式。特色鲜明的国际化阿拉伯人才培养中心和有重要影响的阿拉伯国家研究智库逐步形成。

附：

重点学科建设情况一览表

类　别	学　科	依托单位
国家重点学科	草业科学	农学院
国家重点(培育)学科	中国少数民族史	西夏学研究院
自治区重点学科	专门史	人文学院
	汉语言文字学	人文学院
	区域经济学	经济管理学院
	民族学	政法学院
	英语语言文学	外国语学院
	应用心理学	教育学院
	人文地理学	资源环境学院
	生物化学与分子生物学	生命科学学院
	应用化学	化学化工学院
	草业科学	农学院
	作物栽培与耕作学	农学院
	临床兽医学	农学院
	水利水电工程	土木与水利工程学院
	应用数学	数学计算机学院
	计算数学	数学计算机学院
	凝聚态物理	物理电气信息学院
	机械制造及自动化	机械工程学院
	恢复生态学	西北土地退化与生态恢复国家重点实验室培育基地
"十三五"自治区优势特色学科	生物化学与分子生物学	生命科学学院
	水利水电工程	土木与水利工程学院
	园艺学	农学院
	食品科学	农学院
	草学	农学院
	化学工程与技术	化学化工学院、能源化工重点实验室
	恢复生态学	西北土地退化与生态恢复国家重点实验室培育基地
	电子科学与技术	物理电气信息学院
"十三五"自治区重点学科	中国少数民族史	西夏学研究院
	中国语言文学	人文学院
	哲学	政法学院
	回族学	回族研究院
	英语语言文学	外国语学院
	马克思主义中国化研究	马克思主义学院
	数学	数学计算机学院
	固体力学	物理电气信息学院

续表

类　别	学　科	依托单位
校级重点学科	中国现当代文学	人文学院
	伦理学	政法学院
	民商法学	政法学院
	外国语言学及应用语言学	外国语学院
	农业经济管理	经济管理学院
	教育学原理	教育学院
	思想政治教育	马克思主义学院
	人类学	回族研究院
	运筹学与控制论	数学计算机学院
	计算机软件与理论	数学计算机学院
	固体力学	物理电气信息学院
	电路与系统	物理电气信息学院
	有机化学	化学化工学院
	植物学	生命科学学院
	机械电子工程	机械工程学院
	结构工程	土木与水利工程学院
	食品科学	农学院
	蔬菜学	农学院
	植物营养学	农学院
	农业昆虫与害虫防治	农学院

备注:国家重点学科、国家重点(培育)学科、自治区重点学科均为校级重点学科

The Annual of Ningxia University

研究生教育

【研究生招生】 2015 年，共录取各类研究生 1466 人，其中，全日制博士研究生 42 人，全日制硕士研究生 898 人（学术型研究生 440 人，专业学位研究生 458 人），非全日制攻读硕士学位 526 人。全校硕士研究生总招生人数较 2014 年增长了 10%。2015 年度，报考宁夏大学考生共 2756 人，较上年增长了 9%。按照教育部及自治区有关硕士研究生招生工作管理规定，切实落实自命题科目的命题和安全保密责任制，对命题教师及工作人员进行保密政策培训，规范命题和审核程序。修订《宁夏大学推荐优秀本科毕业生免试攻读硕士学位研究生工作管理办法》。2015 年，共推荐 245 名优秀应届本科生免试攻读硕士学位，其中 171 名应届本科毕业生被 "985" "211" 高校接收，留校攻读硕士学位推免生 40 名。

【研究生培养】 组织校内外专家修订 8 个专业学位领域涉及的 26 个招生专业的培养方案，并邀请厦门大学、上海交通大学、陕西师范大学等高校专家对修订的培养方案进行论证。通过论证，进一步凝练专业学位研究生培养方向，切实落实不同类型研究生的培养要求。制订《宁夏大学研究生课程建设试点工作方案》，进一步明确课程学习在研究生培养环节中的基础性作用，通过实施精品课程项目，并借助兄弟院校的优秀师资，为研究生提供优质教学。推进研究生实习实践基地建设，实施研究生实习实践基地建设项目，资助民族学、翻译硕士、化学工程等专业开展研究生实习实践基地建设。加强导师队伍建设，2015 年新选聘硕士研究生导师 67 人。在导师队伍规模扩大的同时，注重导师指导能力提升，举办宁夏大学、北方民族大学、宁夏师范学院研究生导师联合培训，邀请厦门大学研究生院负责人对新上岗导师进行岗前培训，提高新导师的综合素质。2015 年，建成研究生语音室 3 个，扩建研究生多媒体教室 25 个，建设研究生高水平学术报告厅 1 个，建成研究生微格教室 4 个，与中科院计算所共建实验室 1 个，建设研究生学习研修室 8 个，增加研究生专业书籍 10 万余册。

【学位论文质量监控体系】 严格执行《宁夏大学关于研究生学位论文"双盲"评阅的若干规定》。75 篇硕士学位论文、16 篇博士学位论文送校外盲审，盲审通过率达 97%，论文总体水平得到了校外专家的肯定。配合盲审工作，继续对学位论文进行相似性检测。对学位论文未通过盲审及相似性检测的研究生给予 3 至 12 个月不同程度的延期毕业处理。2015 年，全校 16 名研究生取得博士学位，807 名研究生取得硕士学位。推荐 40 篇学位论文参加自治区优秀学位论文评选。

【学位点建设】 本着"严格控制，按需设置"的原则，组织开展 2015 年二级学科学位点自主设置工作，设置设施园艺学目录外二级学科。制订《宁夏大学学位授权点合格评估工作方案》及学位点评估指标体系。完成数学一级学科博士点、翻译硕士专业学位点自评工作，迎接教育部专项评估。制定《宁夏大学学位点负责人管理办法（试行）》，明确全校各二级学位点负责人及其职责，进一步理顺研究生培养管理体制。

【研究生教育国际化】 与国外知名大学交流沟通，寻求国际化合作机会，推动研究生教育国际化。先后选派 2 名博士研究生国外访学,28 名硕士研究生赴澳大利亚纽卡斯尔大学进行为期 8 周的创新能力培训,5 名硕士研究生赴迪拜大学进行为期 3 个月的学习,均取得良好效果。同时加大国家公派留学出国政策宣讲,2015 年,共 2 名研究生获得国家公派出国攻读博士学位资格。实施研究生外语能力提升计划,鼓励研究生提高外语能力,积极参与国际化项目,资助 22 名研究生通过各类全国性英语考试。

【研究生奖助】 通过实施"宁夏大学博士研究生学位论文培优计划""宁夏大学研究生参加高水平学术会议计划""宁夏大学研究生创新论坛资助项目""研究生实习实践基地建设项目""宁夏大学研究生竞赛专项""宁夏大学研究生文献调研计划"等创新项目,培养学生科研兴趣,活跃学生创新性思维,开阔学生学术视野,锻炼学生学术交流能力。对 2014 年"博士学位论文培优计划"的 5 名博士研究生进行结题考核,同时资助 6 名博士研究生进入"培优计划";资助 168 名研究生参加高水平学术会议,受资助学生发表高质量会议论文 80 余篇;资助研究生出版专著 1 部;设立了 80 项研究生创新项目,鼓励研究生在专业领域内开展学术创新;资助约 100 名研究生外出进行文献调研;资助研究生参加全国性竞赛 10 场,西北地区竞赛 4 场,参加竞赛学生人数累计达 60 人,其中获得各类竞赛一等奖 5 项、二等奖 4 项、三等奖 6 项、优秀奖 5 项。邀请国内外知名学者、专家讲学,举办高质量、高水平"金波论坛"10 余场,为研究生创造良好的学术交流与研讨平台。2015 年,共 49 人获国家奖学金,资助金额 101 万元。共 1005 人获国家学业奖学金,资助金额 444 万元。2 人获华藏奖学金,2 人获孝廉奖学金。共发放研究生国家助学金 1111 万元。

本专科教育

【人才培养质量提高】 牢固确立本科教育是"立校之本"的理念,不断强化人才培养的中心地位,围绕"提高质量"这一永恒主题,坚持经费向教学倾斜,建立健全人才培养质量保障和监控体系,深化人才培养模式改革,加强协同育人、全员育人。学校教学经费投入逐年增长,2015 年较 2014 年增加 1166.37 万元,增长 31%。

【建设专业规范】 化学工程与工艺专业群、食品科学与工程、机械工程、汉语言文学、电气信息类专业群、数学与应用数学(与宁夏师范学院联合建设)、生物科学专业群、地理科学专业群、新闻学和美术学共 10 个专业(群)获批成为"十三五"自治区重点建设专业。着眼于建立科学规范的专业准入和退出机制,制定《宁夏大学本科专业设置与管理办法》,全面启动本科专业评估工作,首次对 2 个本科专业进行整改,2 个专业进行调整。围绕打造应用技术型人才培养示范区的目标,全力推进中卫校区各项工作,中卫校区两届学生全部入驻新校区。及时修订《宁夏大学本科学生学籍管理规定》《宁夏大学学士学位授予办法》《宁夏大学考试违规处理办法》等系列制度。

【课程建设加强】 以"基于问题、基于案例和基于项目"为主旨,立项建设 110 门课程,其中,精品资源共享课 3 门、通识教育选修课 4 门、专业核心课 103 门。通过网络教学平台、移动学习平台等形式,为学生提供多时空、多种模式的数字化学习方式。2015 年开设网络选修课 8 门(次),选修学生 1767 人课(次);面向校内本科生开展跨校修读上海交通大学第二学科学士学位课程,2015 年招生 48 人,取得第二学科学士学位 34 人。

【考试改革】 教考分离课程由 30 门增加到 60

门,推进无纸化考试,在大学英语、计算机无纸化考试科目的基础上,新增思想政治理论课无纸化考试。投入300余万元,建成多功能数字化教室,实现考场全程监控和同步录像,安装IP广播系统,改善大学英语四、六级听力考试条件。强化考试过程管理,从平时抽查、中期考核等环节入手,建立严格有效的过程控制机制。首次对本科生试卷和毕业论文(设计)进行专项检查评估。

【青年教师教学能力培养及大学生创新创业训练】 组织新入职教师培训,开展"宁夏大学第六届青年教师教学基本功大赛"。完成大学生创新创业训练基地筹建工作,5个工作室投入使用,建成投入使用了大学生创新论坛——综合报告厅。实施大学生创新实验项目483项。组织学生参与了30项全国大学生科技竞赛,获一等奖21项、二等奖33项、三等奖30项。

民族预科教育

【预科生招生】 2015年计划招生2630人,实际招生2553人。认真开展"四位一体"教学评教工作,调整教学指导委员会、教学督导委员会,加强教学质量监控。完成了2015年教育部预科英语、数学会考试点考试任务,共2222名一年制预科生参加考试。成立宁夏大学民族预科教育研究中心,加强民族预科教育研究。承办全国普通高校少数民族本科(预科)民族理论与民族政策教学研讨观摩会及全国普通高校少数民族本科(预科)民族理论与民族政策、计算机基础教学大纲修订会。同时,选派干部教师赴西安交通大学、西安电子科技大学等委培院校了解预科生本科阶段适应性学习情况,及时调整预科教学内容、方法和学生管理工作。2015年,2013级两年制预科生、2014级一年制预科生共2521人顺利结业,进

入浙江大学、南京大学、中国海洋大学等35所本科院校学习,学生培养质量受到委培院校一致好评。

【民族团结教育】 增强预科生"三个离不开""五个认同"意识。在教学、管理工作过程中贯彻民族团结教育,关心学生成长,维护学生利益,妥善处理民族宗教关系,维护校园稳定和谐。同时,加强学生党建工作,培养学生骨干。通过举办业余党校和"青年马克思主义者"培养工程暨团校骨干培训班,加强对各民族优秀学生的培养,2015年共培养业余党校学员179人,"青马班"学员174人。

【校园文化建设】 组织教室美化设计比赛、第二届辩论赛等文体活动。2015年,预科生参加中国少数民族教育学会"中国梦·预科梦——爱之歌"征文活动,荣获一等奖1人、二等奖1人、三等奖1人、优秀奖3人。

继续教育

【成人教育规范办学】 注重教学过程管理,严格执行教学计划,选聘优秀师资,合理安排成人函授、夜大直属班和校外工作站(点)的教学工作。采取考试抽考和教学评估两种方式,进一步加强对各工作站(点)的管理和检查。对13个工作站(点)进行了检查,对31个工作站(点)的2013、2014级学生进行了考试抽考。做好2015级成人招生宣传工作,动员考生10000余人报考,区内确认7915人。截至2015年底,成人学历教育在校生共计14144人。

【培训教育】 完善国家级专业技术人员继续教育基地网络平台职称评审系统,确保2015年全区专业技术人员职称申报工作的顺利进行;初步完成了在线学习系统的开发建设。2015年完成网络公

需课学习的达 11 万人次。成立"国家级专业技术人员继续教育基地专业教学指导委员会",聘请区内 35 名各专业领域的知名专家担任基地教学指导委员会委员。2015 年,举办"2.5MW 风力发电齿轮箱测试工艺系统""枸杞色素及多糖的联合提取工艺设备研究"2 个自治区级高级研修班,共培训学员 160 人;举办"专业技术人员网络安全与防范"等 4 门专业课培训,1041 人次参加培训;举办"化工清洁生产技术""现代施工技术及生态海绵城市建设""慕课的设计、制作与实践"等 8 门化工类、工程类、教育类专业课程培训,共 1300 余人参加培训。举办了 5 期大学生创业培训、1 期大学生网络创业班培训,240 人参加培训。此外,面向全区各市、县人力资源与社会保障局举办了"专业技术人员网络服务平台应用操作"培训班,共 210 人参加培训。

留学生教育

【留学生教学管理】 2015 年共招收各类留学生 70 人,在校学历生比例达到了 50%。继续推进初级汉语综合课精品课建设。将留学生教学纳入学校研究生管理平台统一管理。举办四次"新语堂"学术讲座,促进对外汉语教学研究和社会语言学研究。举办两次"'一带一路'国家语言状况与语言政策"工作坊,促进语言政策研究团队建设。

【中外学生"第二课堂"】 举办两次春秋学期留学生中国文化体验教学实践活动,组织中外学生赴穆斯林孤儿院等地开展志愿者活动。举办暑期美国和法国两期夏令营活动,共 60 余名学生参加夏令营语言文化活动,取得良好的社会反响。

附:

有权授予博士学位的学科、专业一览表

序　号	学科门类	一级学科及代码	二级学科及代码	批准时间
1	法学（03）	民族学（0304）	**民族学（030401）**	2011
2			马克思主义民族理论与政策（030402）	2011
3			**中国少数民族经济（030403）**	2011
4			**中国少数民族史（030404）**	2006
5			中国少数民族艺术（030405）	2011
6			**民族社会学★（0304Z1）**	2011
7			**民族心理与民族教育★（0304Z2）**	2011
8			**西北民族地区语言文学与文献★（0304Z3）**	2013
9			**民族地区公共管理★（0304Z4）**	2013
10	理学（07）	数学（0701）	基础数学（070101）	2006
11			**计算数学（070102）**	2006
12			概率论与数理统计（070103）	2006
13			**应用数学（070104）**	2006
14			运筹学与控制论（070105）	2006
15	工学（08）	水利工程（0815）	**水文学及水资源（081501）**	2011
16			水力学及河流动力学（081502）	2011
17			**水工结构工程（081503）**	2011
18			**水利水电工程（081504）**	2006
19			港口、海岸及近海工程（081505）	2011
20			**水资源利用与化学工程★（0815Z1）**	2013
21			**土水工程与计算科学★（0815Z2）**	2013
22	农学（09）	畜牧学（0905）	**动物遗传育种与繁殖（090501）**	2011
23			动物营养与饲料科学（090502）	2011
24			特种经济动物饲养（090504）	2011
25			**动物生产系统与工程★（0905Z1）**	2011
26			**动物生物技术★（0905Z2）**	2011
27		草学（0909）	**草学（草学下暂无二级学科设置）（090900）**	2003

备注：1.一级学科博士授权专业5个，二级学科博士授权专业26个（不含草学），其中目录内18个，目录外8个，加粗体为当年已经在招生的14个专业（含草学一级学科）。

　　　2.★为目录外自主设置专业。

有权授予硕士学位的学科、专业一览表

序 号	学科门类	一级学科及代码	二级学科及代码	批准时间
1	哲学（01）	哲学（0101）	马克思主义哲学（010101）	2011
2			中国哲学（010102）	2011
3			**外国哲学（010103）**	**1993**
4			逻辑学（010104）	2011
5			**伦理学（010105）**	**2011**
6			美学（010106）	2011
7			宗教学（010107）	2011
8			科学技术哲学（010108）	2011
9	经济学（02）	理论经济学（0201）	**政治经济学（020101）**	**2000**
10			经济思想史（020102）	2011
11			经济史（020103）	2011
12			西方经济学（020104）	2011
13			世界经济（020105）	2011
14			**人口、资源与环境经济学（020106）**	**2011**
15	法学（03）	法学（0301）	**法学理论（030101）**	**2003**
16			法律史（030102）	2011
17			宪法学与行政法学（030103）	2011
18			刑法学（030104）	2011
19			**民商法学（030105）**	**2011**
20			**诉讼法学（030106）**	**2011**
21			经济法学（030107）	2011
22			环境与资源保护法学（030108）	2011
23			国际法学（030109）	2011
24			军事法学（030110）	2011
25		社会学（0303）	**人类学▲（030303）**	**2006**
26		民族学（0304）	**民族学（030401）**	**2000**
27			**马克思主义民族理论与政策（030402）**	**2011**
28			中国少数民族经济（030403）	2011
29			**中国少数民族史（030404）**	**2006**
30			**中国少数民族艺术（030405）**	**2011**
31			**民族社会学★（0304Z1）**	**2011**
32			民族心理与民族教育★（0304Z2）	2011
33			**西北民族地区语言文学与文献★（0304Z3）**	**2013**
34			民族地区公共管理★（0304Z4）	2013
35			**民族传统体育文化★（99J1）**	**2011**
36		马克思主义理论（0305）	**马克思主义基本原理▲（030501）**	**1993**
37			**思想政治教育▲（030505）**	**1993**

续表1

序　号	学科门类	一级学科及代码	二级学科及代码	批准时间
38	教育学(04)	教育学(0401)	**教育学原理(040101)**	**2011**
39			**课程与教学论(040102)**	**2000**
40			教育史(040103)	2011
41			比较教育学(040104)	2011
42			学前教育学(040105)	2011
43			高等教育学(040106)	2011
44			成人教育学(040107)	2011
45			职业技术教育学(040108)	2011
46			特殊教育学(040109)	2011
47			**教育技术学(040110)**	**2011**
48			**少年儿童组织与思想意识教育★(0401Z01)**	**2012**
49		心理学(0402)	**应用心理学▲(040203)**	**2006**
50	文学(05)	中国语言文学(0501)	**文艺学(050101)**	**2011**
51			语言学及应用语言学(050102)	2011
52			**汉语言文字学(050103)**	**1993**
53			**中国古典文献学(050104)**	**2011**
54			**中国古代文学(050105)**	**1986**
55			**中国现当代文学(050106)**	**2003**
56			中国少数民族语言文学(050107)	2011
57			**比较文学与世界文学(050108)**	**2011**
58		外国语言文学(0502)	**英语语言文学(050201)**	**2000**
59			俄语语言文学(050202)	2011
60			法语语言文学(050203)	2011
61			德语语言文学(050204)	2011
62			日语语言文学(050205)	2011
63			印度语言文学(050206)	2011
64			西班牙语语言文学(050207)	2011
65			**阿拉伯语语言文学(050208)**	**2011**
66			欧洲语言文学(050209)	2011
67			亚非语言文学(050210)	2011
68			**外国语言学及应用语言学(050211)**	**2011**
69	历史学(06)	中国史(0602)	史学理论及史学史(060201)	2011
70			历史地理学(060202)	2011
71			历史文献学(060203)	2003
72			**专门史(060204)**	**1996**
73			**中国古代史(060205)**	**2006**
74			**中国近现代史(060206)**	**2011**
75		数学(0701)	**基础数学(070101)**	**1998**
76			**计算数学(070102)**	**2003**
77			**概率论与数理统计(070103)**	**2006**

续表2

序　号	学科门类	一级学科及代码	二级学科及代码	批准时间
78	理学(07)	数学(0701)	**应用数学(070104)**	**1993**
79			**运筹学与控制论(070105)**	**2006**
80		物理学(0702)	理论物理(070201)	2011
81			粒子物理与原子核物理(070202)	2011
82			原子与分子物理(070203)	2011
83			等离子体物理(070204)	2011
84			**凝聚态物理(070205)**	**2000**
85			声学(070206)	2011
86			光学(070207)	2011
87			无线电物理(070208)	2011
88		化学(0703)	**无机化学(070301)**	**2011**
89			**分析化学(070302)**	**2000**
90			**有机化学(070303)**	**2003**
91			**物理化学(070304)**	**2000**
92			高分子化学与物理(070305)	2011
93		地理学(0705)	**自然地理学(070501)**	**2011**
94			**人文地理学(070502)**	**2000**
95			**地图学与地理信息系统(070503)**	**2011**
96			**旅游开发与规划管理★(0705Z1)**	**2013**
97		生物学(0710)	**植物学(071001)**	**2003**
98			**动物学(071002)**	**2006**
99			**生理学(071003)**	**2011**
100			水生生物学(071004)	2011
101			**微生物学(071005)**	**2011**
102			神经生物学(071006)	2011
103			遗传学(071007)	2011
104			发育生物学(071008)	2011
105			细胞生物学(071009)	2011
106			**生物化学与分子生物学(071010)**	**2000**
107			生物物理学(071011)	2011
108		生态学(0713)	生态学(0713L1)	2011
109			**植物生态学★(0713Z1)**	**2011**
110			**恢复生态学★(0713Z2)**	**2011**
111		力学(0801)	一般力学与力学基础(080101)	2011
112			**固体力学(080102)**	**2011**
113			流体力学(080103)	2011
114			工程力学(080104)	2011
115		机械工程(0802)	**机械制造及其自动化(080201)**	**2003**
116			**机械电子工程(080202)**	**2011**
117			**机械设计及理论(080203)**	**2011**

续表3

序　号	学科门类	一级学科及代码	二级学科及代码	批准时间
118	工学(08)		车辆工程(080204)	2011
119		电子科学与技术(0809)	物理电子学(080901)	2011
120			**电路与系统(080902)**	**2003**
121			微电子学与固体电子学(080903)	2011
122			**电磁场与微波技术(080904)**	**2011**
123		计算机科学与技术(0812)	**计算机系统结构(081201)**	**2011**
124			**计算机软件与理论(081202)**	**2003**
125			**计算机应用技术(081203)**	**2011**
126		土木工程(0814)	**岩土工程(081401)**	**2011**
127			**结构工程(081402)**	**2003**
128			市政工程(081403)	2011
129			供热、供燃气、通风及空调工程(081404)	2011
130			防灾减灾工程及防护工程(081405)	2011
131			桥梁与隧道工程(081406)	2011
132		水利工程(0815)	**水文学及水资源(081501)**	**2006**
133			**水力学及河流动力学(081502)**	**2011**
134			**水工结构工程(081503)**	**2011**
135			**水利水电工程(081504)**	**1996**
136			港口、海岸及近海工程(081505)	2011
137			水资源利用与化学工程★(0815Z1)	2013
138			土水工程与计算科学★(0815Z2)	2013
139		化学工程与技术(0817)	化学工程(081701)	2011
140			**化学工艺(081702)**	**2011**
141			生物化工(081703)	2011
142			**应用化学(081704)**	**2000**
143			工业催化(081705)	2011
144		农业工程(0828)	**农业水土工程▲(082802)**	**2003**
145		食品科学与工程(0832)	**食品科学▲(083201)**	**2003**
146	农学(09)	作物学(0901)	**作物栽培学与耕作学(090101)**	**1996**
147			**作物遗传育种(090102)**	**2000**
148		园艺学(0902)	**果树学(090201)**	**2000**
149			**蔬菜学(090202)**	**2011**
150			茶学(090203)	2011
151			**葡萄与葡萄酒学★(0902Z1)**	**2011**
152			**园艺设施学(0902Z2)**	**2015**
153		农业资源与环境(0903)	**植物营养学▲(090302)**	**2003**
154		植物保护(0904)	**农业昆虫与害虫防治▲(090402)**	**2000**
155		畜牧学(0905)	**动物遗传育种与繁殖(090501)**	**2003**
156			**动物营养与饲料科学(090502)**	**2000**
157			特种经济动物饲养(090504)	2011

续表4

序　号	学科门类	一级学科及代码	二级学科及代码	批准时间
158		畜牧学(0905)	**动物生产系统与工程★(0905Z1)**	**2011**
159			动物生物技术★(0905Z2)	2011
160		兽医学(0906)	基础兽医学(090601)	2011
161			**预防兽医学(090602)**	**2011**
162			**临床兽医学(090603)**	**2000**
163		草学(0909)	**草学(暂无二级学科)(0909)**	**1993**
164	管理学(12)	农林经济管理(1203)	**农业经济管理▲(120301)**	**2000**

备注:1.▲为二级学科硕士授权专业。

　　2.一级学科硕士授权专业26个,二级学科硕士授权专业163个,其中目录内149个,目录外14个,加粗体为当年已经在招生的89个专业(含草学)。

　　3.★为目录外自主设置专业。

专业硕士学位授权学科、专业一览表

序　号	代　码	专　业	依托学院	批准时间
1	125100	工商管理硕士	经济管理学院	2003
2	045100	教育硕士	教育学院、各相关学院	2003
3	095100	农业推广硕士	农学院	2004
4	085200	工程硕士	土木与水利工程学院、机械工程学院、化学化工学院、物理电气信息学院、数学计算机学院	2007
5	055100	翻译硕士	外国语学院	2011
6	125300	会计硕士	经济管理学院	2014
7	125200	公共管理硕士	政法学院	2014
8	135100	艺术硕士	音乐学院、美术学院	2014

本科专业设置一览表

序 号	代 码	专 业	学制(年)	学 位	所在学院
1	050101	汉语言文学(含师范)	四	文学学士	人文学院
2	060101	历史学(师范)	四	历史学学士	
3	120901K	旅游管理	四	管理学学士	
4	050301	新闻学	四	文学学士	新闻传播学院
5	050303	广告学	四	文学学士	
6	030101K	法 学	四	法学学士	政法学院
7	030301	社会学	四	法学学士	
8	030503	思想政治教育(师范)	四	法学学士	
9	120402	行政管理	四	管理学学士	
10	050201	英语(含师范)	四	文学学士	外国语学院
11	050202	俄 语	四	文学学士	
12	050207	日 语	四	文学学士	
13	050206	阿拉伯语	四	文学学士	阿拉伯学院
14	020101	经济学	四	管理学学士	经济管理学院
15	120102	信息管理与信息系统	四	管理学学士	
16	120201K	工商管理	四	管理学学士	
17	120202	市场营销	四	管理学学士	
18	120203K	会计学	四	管理学学士	
19	120301	农林经济管理	四	管理学学士	
20	120601	物流管理	四	管理学学士	
21	120801	电子商务	四	管理学学士	
22	070101	数学与应用数学(含师范)	四	理学学士	数学计算机学院
23	070102	信息与计算科学	四	理学学士	
24	080901	计算机科学与技术(含师范)	四	工学学士	
25	080902	软件工程	四	工学学士	
26	070201	物理学(含师范)	四	理学学士	物理电气信息学院
27	080414T	新能源材料与器件	四	工学学士	
28	080601	电气工程及其自动化	四	工学学士	
29	080701	电子信息工程	四	工学学士	
30	080703	通信工程	四	工学学士	
31	080903	网络工程	四	工学学士	
32	070301	化学(含师范)	四	理学学士	化学化工学院
33	070302	应用化学	四	工学学士	
34	080403	材料化学	四	工学学士	
35	081301	化学工程与工艺	四	工学学士	
36	081302	制药工程	四	工学学士	
37	071001	生物科学(含师范)	四	理学学士	生命科学学院
38	071002	生物技术	四	工学学士	

续表

序 号	代 码	专 业	学制(年)	学 位	所在学院
39	070501	地理科学(师范)	四	理学学士	资源环境学院
40	070503	人文地理与城乡规划	四	理学学士	
41	070504	地理信息科学	四	理学学士	
42	082503	环境科学	四	理学学士	
43	120104	房地产开发与管理	四	管理学学士	
44	082701	食品科学与工程	四	工学学士	农学院
45	090101	农 学	四	农学学士	
46	090102	园 艺	四	农学学士	
47	090103	植物保护	四	农学学士	
48	090201	农业资源环境	四	农学学士	
49	090301	动物科学	四	农学学士	
50	090401	动物医学	四	农学学士	
51	090501	林 学	四	农学学士	
52	090502	园 林	四	农学学士	
53	090701	草业科学	四	农学学士	
54	082706T	葡萄与葡萄酒工程	四	工学学士	葡萄酒学院
55	080201	机械工程	四	工学学士	机械工程学院
56	080206	过程装备与控制工程	四	工学学士	
57	081801	交通运输	四	工学学士	
58	082302	农业机械化及其自动化	四	工学学士	
59	081001	土木工程	四	工学学士	土木与水利工程学院
60	081101	水利水电工程	四	工学学士	
61	081802	交通工程	四	工学学士	
62	082305	农业水利工程	四	工学学士	
63	082801	建筑学	五	工学学士	
64	082802	城乡规划	五	工学学士	
65	120103	工程管理	四	工学学士	
66	040104	教育技术学	四	理学学士	教育学院
67	040106	学前教育(师范)	四	教育学学士	
68	040107	小学教育(师范)	四	教育学学士	
69	071102	应用心理学(含师范)	四	理学学士	
70	040201	体育教育(师范)	四	教育学学士	体育学院
71	040202K	运动训练	四	教育学学士	
72	040204K	武术与民族传统体育	四	教育学学士	
73	130202	音乐学(师范)	四	艺术学学士	音乐学院
74	130204	舞蹈表演	四	艺术学学士	
75	130401	美术学(师范)	四	艺术学学士	美术学院
76	130502	视觉传达设计	四	艺术学学士	
77	130503	环境设计	四	艺术学学士	

2015 年国家级本科教学工程项目一览表

类　别	项　目	主持人
大学生创新创业训练计划项目（30 项）	Y 型分子筛的介孔改性及其对吸附四环素的影响	马　艳
	生物碱 Citrinalin 与 cyclopiamine 的骨架构建研究	白　淼
	基于尺寸差异的硬币分类清点装置	崔　宁
	宁夏食用仙人掌健康产业的发展研究	李省武
	枸杞吸潮结块特性研究	马　尧
	不同类型玉米幼穗分化与植株形态的关系研究	魏　晴
	基于电子全站仪对毛乌素沙地抛物线形沙丘三维形态变化的研究	康经理
	"文革"题材小说中的人情、人性的书写	马　花
	植物中表达 PBs 颗粒的纯化及巨噬细胞对其吞噬的研究	徐　丽
	用于水体生态修复的大型溞的筛选	郭凯丽
	宁夏大学校园 APP	齐　阳
	高温后高强沙漠砂混凝土力学性能研究	严建强
	明渠流量远程监测系统	马彦宁
	德州市民间葬礼音乐形式初探	李梦瑶
	银川市污灌区水质调查研究	高　凯
	丝绸之路上的"印象宁夏"	何　超
	太阳能电池板自动清洗机器人	马富海
	单片机与低压电力线载波通信监测大学生宿舍线路电流及漏电情况装置	谢琪超
	XYZ 高精度 3D 打印机	王国东
	3D 打印成型原理改进的探索及其应用	王立林
	基于 GEOWAY 数字摄影测量系统地形图数据采集及成图	罗佳玲
	输电线路无人机巡线系统研究及应用	罗文翔
	四旋翼垂直起降固定翼模型飞机设计	许华栋
	变桨距四旋翼飞行器的设计与飞控系统平台的开发	张凯歌
	宁夏酿酒葡萄残渣作为瘤胃蛋白保护剂的开发利用	王　琳
	微生物商品涂片的研发	李　娟
	无人机在病虫害监测和防控中的应用——以枸杞种植为例	梁学保
	防震、防火减灾教学片	王劲松
	宁夏校西西服饰有限公司	田晓帆
	"骑行协力"创业策划案	罗占海

2015 年自治区级本科教学工程项目一览表

类　别	项　目	主持人
重点专业 （10个）	化学工程与工艺专业群	张晓光 刘万毅
	食品科学与工程	张惠玲
	机械工程	朱学军
	汉语言文学	胡玉冰
	电气信息类专业群	车　进
	数学与应用数学	胡　华
	生物科学专业群	梁文裕
	地理科学专业群	米文宝
	新闻学	宫京成
	美术学	李晓春
大学生校外实践 教育基地（2个）	宁夏大学——宁夏农垦农科教合作人才培养基地	农学院
	宁夏大学——兴庆区人民法院法学专业实习基地	政法学院
大学生创新创业 训练计划项目 （103项）	磷酸三丁酯萃取分离磷酸-盐酸混合溶液的基础研究及工艺优化	曹　晶
	钨酸铋光催化剂的制备及应用研究	宋云帆
	基于咪唑二羧酸及其衍生物基金属有机骨架荧光材料的制备及表征	谢进涛
	碳基复合材料固定化果胶酶及其催化性能的研究	杨　荣
	长链 1,3-双烷基咪唑离子液体的合成及其摩擦学性能的研究	柯　桢
	高性能吸水膨胀树脂研究	毛　乐
	关于 Clemmensen 还原反应的机理研究	杨茂祥
	筛板震动式硬币分拣机的研制	温　洁
	大学城快递投放车的车厢改造设计与制作	孙朝蓉
	用于公交车投币箱的纸币整理机设计	康旭辉
	基于筒式回转机构的硬币自动清点包装机械设计与制作	周雯灿
	大学生成就动机对学业拖延行为的影响：延迟满足的中介作用	文广居
	新型农村养老模式的比较——以宁夏为例	候田恬
	大学生食堂粮食浪费行为形成机理及治理方式选择策略研究——以宁夏大学为例	曾　涛
	贺兰山顽石酒庄葡萄酒品牌建设相关研究	刘　博
	校园快递终端可行性调查——以宁夏大学 A 区为例	靳颖卓
	小额信贷支持农村妇女创业研究——以宁夏盐池县为例	闫　文
	宁夏大学在校大学生投资理财-互联网金融 p2p	轩　冉
	贺兰山岩画短片制作	陈　波
	干旱风沙区不同植被恢复模式生态效益评估	李小刚
	不同月龄绵羊前胃形态学研究	冯如龙
	一种油黄咸蛋加工新技术研究	高　磊
	红枣色素抗脂质过氧化能力的研究	苏玉军
	羊痘病毒和羊口疮病毒细胞病变效应的观察	马浩宇
	油炸蚕豆预处理刺孔装置的研制	张少勇
	沟垄二元覆盖模式下马铃薯生长发育及产量研究	王兴文

续表1

类　别	项　目	主持人
大学生创新创业训练计划项目（103项）	黄芪种子引发研究	杨宗鹏
	宁夏干旱风沙区固沙植物花棒、沙柳根——土复合体抗剪特性有限元数值模拟研究	袁　博
	压砂地镰刀菌鉴定	马成花
	能源作物柳枝稷对盐碱土的生物学响应	周世虎
	日光温室矮晚柚栽培生长特性调查	马治红
	盐碱地枸杞根系氮肥吸收特征研究	杨官凯
	宁夏贺兰山东麓葡萄酒文化旅游市场开发对策研究	周叶鹏
	丝绸之路与宁夏历代文化	成文敏
	当前就业背景下,高校秘书专业学生所应具备的职业能力的分析与研究——以银川为例	张梦鑫
	银川市西夏区敬老院老人生活状况调查	徐　佳
	植物根尖细胞对天然活性产物水仙环碱的早期响应机制研究	赵　强
	VD3-25羟化酶基因在毕赤酵母中转化条件的优化及其表达产物的检测	郭慧娟
	贺兰山三种丝膜菌粗提物抗氧化活性的研究	张艳新
	微生物学虚拟系统的设计与实践——以革兰氏染色为例	赵　丹
	枸杞芽茶不同季节品质变化规律初步研究	陈佳强
	两种沙生植物种子害虫天敌昆虫资源调查研究	余风梅
	苦参素聚氰基丙烯酸正丁酯纳米颗粒的制备和鉴定	毛湛睿
	基于Android的语音记事本的设计与实现	伍夏清
	自主避障机器鱼的设计与实现	余忠宝
	汽车多功能控制器	涂隆军
	基于核函数方法的彩色血细胞识别	王　丹
	楼道照明智能控制装置	冯　明
	构建简易物联网远程监控系统	秦晓帆
	银川市高校教师体力活动现状调查与对策研究	叶立峰
	创编宁夏回族八宝茶茶艺	杨云雁
	不同级配下的再生粗骨料对混凝土的力学性能试验研究	章海刚
	水泥镁渣复合抹灰砂浆粘结强度研究	耿学峰
	宁夏干旱地区日光温室内保温幕桁架结构设计及优化研究	李　莹
	宁夏大学学生公寓光环境研究与优化设计	马小凤
	宁夏银川地区农宅空间优化与节能设计	吴　悦
	微咸水灌溉条件下不同压砂措施对土壤盐分分布的影响	杜飞飞
	宁夏大学第二外语学习研究策略	刘淑君
	宁夏大学英语专业学生课外阅读情况调查	陈重蒙
	食品3D打印机	马　军
	基于超声波检测技术的贺兰山岩画风化分级评价	牛草萍
	保安机器人	田华贵
	新型光缆加强芯专用连接固定夹具的研究与开发	谢琪超
	尖晶石型NTC热敏电阻的研发	魏少华
	"蒙古短调进课堂"——以内蒙古乌兰察布市集宁区中小学为例	孔　宁
	中东节奏在阿拉伯音乐中的重要性	卞　卡

续表2

类　别	项　目	主持人
大学生创新创业训练计划项目（103项）	内蒙古准格尔旗漫瀚调的特征和发展传承	闫来军
	蒙古族说唱艺术乌力格尔的保护与传承现状初探	张雅静
	网络教学模式应用在中学音乐教学中的可行性探究	徐　策
	河北省永年县鼓吹乐现状探究	王玉辰
	山西左权开花调的艺术特色及传承现状调研	刘　洋
	同心回族礼俗变迁实证研究	陈晓娟
	宁夏泾源县留守老人生存现状及社区支持体系的研究	张建平
	吴忠市牛首山佛道共奉、多元并存文化的宗教文化现象	郑　伟
	宁夏中部旱区压砂地土壤养分状况与评价	张梦飞
	宁夏河东区典型固沙植物光合作用研究	曹二佳
	水耕蔬菜对富营养化水体净化能力的研究	张玲瑞
	生活方式对城市环境污染的贡献研究——以同心县为例	鲁冰清
	组件式 GIS 系统软件与开发	单帅帅
	新媒体与传统媒体创新融合下的视频内容创新	袁　震
	宁夏清真保健品广告文案研究	吴玉会
	宁夏大学阿拉伯学院访学项目对学生语言能力和就业的影响	韩　放
	手机 3D 镜头	王彦杰
	银川地区外来植物物种及其入侵风险的调查研究	蒲若兰
	宁夏大学金波湖人工浮岛净化水体和改善景观试验示范	叶　盛
	使用颗粒喷头的 3D 打印机	康　升
	智能家居防火、防盗系统的设计与开发	马国祥
	模拟仿真实验在中学化学教材中的应用研究	姜正毅
	交通法规新诠释	杨国斌
	宁夏大学职工健康状况及体育活动状况研究	刘　亚
	再生混凝土的收缩徐变研究	张仕林
	基于第一视角便携式无人侦察机系统	刘明远
	基于语音识别系统控制小型飞行器的实现	王双武
	灵武长枣土壤有机碳储量及其环境效应分析	苏建坤
	"舌尖上的化学"微视频制作	李　银
	中学物理探究实验导学案设计及配套实验开发	杨　康
	奶牛酮病诊断试剂盒的研制	谢富海
	一种便捷、高效的饲料纤维测定设备的筛选优化	詹金波
	渗透胁迫对旱生植物梭梭抗氧化酶系统的影响研究	张　化
	基于单片机的智能家居之自动遮雨阳台控制系统设计与制作	乔新涵
	艺忆传媒工作室	马　军
	宁夏慧生活电子商贸公司	曹梦华
	宁夏帧映像传媒有限公司	马振华

研究生统计表

类 别	专 业	2015 年毕业生数	在校学生数			
			小 计	2013 级	2014 级	2015 级
博 士	中国少数民族史	3	9	3	4	2
	水利水电工程	3	7	1	3	3
	民族社会学	1	15	3	7	5
	应用数学	1	3	1	2	0
	草 学	1	17	4	7	6
	草业科学	4	0	0	0	0
	动物生物技术	1	7	1	3	3
	动物生产系统与工程	0	2	0	0	2
	计算数学	0	5	1	1	3
	民族心理与民族教育	0	11	4	4	3
	民族学	0	9	3	3	3
	水文学及水资源	0	2	1	0	1
	动物遗传育种与繁殖	0	3	1	1	1
	水工结构工程	0	4	1	2	1
	中国少数民族经济	0	11	3	6	2
	民族地区公共管理	0	2	0	0	2
	水资源利用与化学化工	0	1	0	0	1
	西北民族地区语言文学与文献	0	4	0	0	4
	小 计	14	112	27	43	42
硕 士	民族学	6	18	7	6	5
	马克思主义民族理论与政策	5	10	2	5	3
	伦理学	2	13	3	5	5
	外国哲学	11	22	9	7	6
	法学理论	10	32	11	11	10
	民商法学	10	33	15	9	9
	政治经济学	13	32	7	11	14
	人口资源与环境经济学	3	7	1	3	3
	农业经济管理	9	19	6	6	7
	人类学	4	11	4	4	3
	马克思主义基本原理	4	14	3	4	7
	思想政治教育	5	31	7	14	10
	文艺学	3	11	3	5	3
	汉语言文字学	5	21	8	7	6
	中国古代文学	8	24	8	9	7
	中国现当代文学	10	23	7	7	9
	比较文学与世界文学	3	7	1	2	4
	专门史	5	17	5	6	6

续表1

类 别	专 业	2015年毕业生数	在校学生数			
			小 计	2013级	2014级	2015级
硕　士	中国近现代史	3	21	7	6	8
	教育学原理	7	16	7	2	7
	教育技术学	2	13	5	4	4
	课程与教学论	21	45	22	17	6
	应用心理学	10	32	8	16	8
	中国少数民族艺术	2	21	4	9	8
	英语语言文学	6	30	14	6	10
	外国语言学及应用语言学	8	19	5	6	8
	中国古代史	6	12	5	3	4
	数　学	20	61	15	26	20
	计算机软件与理论	7	8	8	0	0
	计算机应用技术	6	9	9	0	0
	电路与系统	14	33	11	12	10
	电磁场与微波技术	4	7	3	3	1
	固体力学	4	17	6	5	6
	凝聚态物理	6	15	4	5	6
	有机化学	7	17	5	6	6
	无机化学	2	8	2	2	4
	分析化学	5	17	5	7	5
	物理化学	3	6	2	2	2
	应用化学	5	26	10	8	8
	化学工艺	2	10	3	3	4
	人文地理学	12	40	12	12	16
	自然地理学	2	13	4	4	5
	地图学与地理信息系统	2	8	2	3	3
	生物化学与分子生物学	14	40	13	13	14
	微生物学	3	12	4	4	4
	植物学	6	12	5	4	3
	动物学	2	6	2	2	2
	生理学	1	4	1	2	1
	生态学	1	0	0	0	0
	恢复生态学	5	18	5	5	8
	植物生态学	3	13	3	5	5
	水利水电工程	4	13	5	4	4
	水文学及水资源	1	7	2	1	4
	水工结构工程	3	5	2	2	1
	农业水土工程	2	15	4	6	5
	岩土工程	3	8	4	2	2
	结构工程	10	32	8	11	13

续表 2

类 别	专 业	2015 年毕业生数	在校学生数			
			小 计	2013 级	2014 级	2015 级
硕 士	机械电子工程	2	13	5	4	4
	机械制造及其自动化	10	25	9	7	9
	草业科学	4	14	6	2	6
	动物营养与饲料科学	2	4	2	2	0
	动物遗传育种与繁殖	3	5	3	2	0
	作物栽培学与耕作学	5	9	5	3	1
	蔬菜学	4	13	5	3	5
	作物遗传种	7	10	5	1	4
	植物营养学	4	11	4	3	4
	农业昆虫与害虫防治	5	12	5	4	3
	葡萄与葡萄酒学	5	24	7	8	9
	果树学	5	13	5	4	4
	临床兽医学	3	7	2	3	2
	预防兽医学	4	9	3	3	3
	食品科学	8	17	7	6	4
	工商管理硕士	77	268	87	97	84
	现代教育技术	39	119	39	46	34
	英语笔译	25	84	25	33	26
	英语口译	8	30	8	13	9
	化学工程	43	124	44	47	33
	水利工程	18	71	18	27	26
	机械工程	21	67	22	25	20
	养 殖	8	17	9	5	3
	园 艺	20	75	20	32	23
	食品加工与安全	20	59	20	19	20
	农业资源利用	6	22	6	9	7
	草 业	7	12	7	3	2
	作 物	6	20	6	10	4
	电子与通信工程	42	131	42	47	42
	阿拉伯语言文学	0	10	0	4	6
	动物生产系统与工程	0	3	1	2	0
	机械设计及理论	0	5	2	1	2
	水利学及河流动力学	0	1	0	1	0
	诉讼法学	0	6	0	2	4
	中国古典文献学	0	6	0	3	3
	计算机科学与技术	0	19	0	10	9
	旅游开发与规划管理	0	4	0	2	2
	中国少数民族史	0	4	0	2	2
	民族传统体育文化	0	6	2	0	4

续表3

类 别	专 业	2015 年毕业生数	在校学生数			
			小 计	2013 级	2014 级	2015 级
硕 士	公共管理	0	19	0	0	19
	会 计	0	38	0	0	38
	计算机技术	0	13	0	0	13
	美 术	0	6	0	0	6
	民族社会学	0	6	0	0	6
	少年儿童组织与思想意识教育	0	2	0	0	2
	舞 蹈	0	5	0	0	5
	学科教学(化学)	0	6	0	0	6
	学科教学(美术)	0	1	0	0	1
	学科教学(体育)	0	2	0	0	2
	学科教学(物理)	0	4	0	0	4
	学科教学(音乐)	0	5	0	0	5
	学科教学(语文)	0	5	0	0	5
	艺术设计	0	10	0	0	10
	音 乐	0	7	0	0	7
	小 计	751	2512	774	844	894
合 计		765	2624	801	887	936

普通本科(高职)学生统计表

合 计		2015 级	2014 级		2013 级	2012 级	2011 级
		本 科	本 科	高 职	本 科	本 科	本 科
按校区分	本部 A 区	1678	1751	0	1819	1858	0
	本部 B 区	718	785	0	727	694	0
	本部 C 区	1084	1129	0	1175	1247	41
	南校区	0	0	80	0	0	0
	光彩校区	192	193	0	110	0	0
	中卫校区	428	352	0	0	0	0
	合 计	4100	4290		3831	3799	41
按学科门类分	经济学	78	74	0	76	83	0
	法 学	161	173	0	146	186	0
	教育学	152	181	80	198	181	0
	文 学	459	428	0	397	426	0
	历史学	37	31	0	31	40	0
	理 学	542	516	0	488	557	0
	工 学	1485	1504	0	1336	1300	41
	艺术学	290	279	0	363	316	0
	管理学	693	810	0	529	463	0
	农 学	203	214	0	267	247	0
	合 计	4100	4290		3831	3799	41

成人学历教育学生统计表

类　别	层　次	在校学生			合　计	
		2013 级	2014 级	2015 级		
函授教育	专升本	2634	3256	3051	8941	21073
	高起本	119	81	41	241	
	高起专	3976	4490	3425	11891	
夜大学	专升本	79	84	35	198	328
	高起专	17	25	88	130	
小　计	一	6825	7936	6640	21401	

注:2013 级学生 2015 年 7 月毕业。成人高起本学制 5 年,高起专、专升本学制 2.5 年,成人学生每年 1 月注册报到

留学生统计表

学　期	类　别					来　源				
	长期语言生	短期语言生	博　士	硕　士	本　科	亚　洲	北美洲	非　洲	欧　洲	大洋洲
春　季	16	51	5	17	34	6	41	6	14	0
秋　季	69	0	3	11	8	106	4	28	6	3
小　计	136		78			214				

科学研究与社会服务

The Annual of Ningxia University

自然科学与哲学社会科学工作

【科研项目立项】 2015年,共申报国家及地方各级各类项目(课题)600余项,获自治区级以上立项项目330余项,获立项经费共计9174.9万元,较2014年立项经费增加了2600余万元。其中,国家自然科学基金立项61项、资助经费2283万元,国家社会科学基金立项18项、资助经费近500万元。截至年底,科研项目到账经费9147.3万元。"西夏通志"和"伊斯兰教思想中国化的理论与实践"分别获准立项国家社科基金重大招标项目,在全国高校中走在前列。"西北盐碱地生态恢复关键技术研究与示范"项目成为宁夏大学首次承担的国家林业公益行业重大科研专项,资助经费794万元。此外,2015年获得国家科技计划项目(课题)、行业专项等立项3项,资助经费1300余万元。自治区重点研发、重大专项项目上也实现了较大突破,立项50余项,资助经费2190余万元。宁夏自然科学基金、宁夏哲学社科规划项目、宁夏高等学校科学研究项目立项稳中有升。

【科研评奖】 在第十三届宁夏自然科学优秀学术论文评选中,全校共有98篇学术论文获奖,其中一等奖18篇、二等奖27篇、三等奖53篇。此外,申报自治区科技进步奖9项,申报第七届高等学校科学研究优秀成果奖(人文社会科学)14项,申报宁夏第十三届社会科学优秀成果奖215项。共发表学术论文1200篇,其中核心及以上论文777篇,被SCI、EI、CPCIS三大检索系统收录论文102篇。出版学术专著52部。

【科研管理体制机制创新】 适应国家科技体制改革新形势和宁夏大学科研工作的新要求,创新科研管理体制机制,修订、出台《宁夏大学科研经费管理办法》《宁夏大学科研项目间接费用管理暂行办法》《宁夏大学自然科学科研与优秀成果奖励办法》《宁夏大学哲学社会科学科研与优秀成果奖励办法》《宁夏大学国家科学基金奖励办法》等,不断提升科研管理能力和服务水平。在自由申报的基础上,加强顶层设计,组织征集、遴选国家重点研发项目、自治区重点研发项目、自治区"十三五"科技发展项目等共计160余项,为2016年度国家及自治区级项目申报与立项打下良好基础。加强项目过程管理。2015年共完成各级各类项目结题、验收、鉴定158项。其中国家科技计划课题4项、国家自然科学基金项目12项、国家部委项目2项、自治区鉴定验收成果16项、自治区自然科学基金项目37项、宁夏高校项目46项、校级项目41项。对国家科技支撑计划,国家公益行业专项等10余项国家级项目(课题)进行了专项检查,对自治区科技支撑计划项目、宁夏自然科学基金(重点)项目、宁夏高等学校科学研究项目等进行了年度检查。

服务社会工作

【科研服务社会】 采取"校地、校企、校村"协同共建的方式,建设了一批服务地方多功能基地。通过科技合作对接,承担横向合作项目130余项,总经费1600余万元。获得授权专利62项,其中发明专利16项,实用新型专利46项。获批计算机软件著作权13项。其中,国家科技支撑计划课题"宁夏荒漠草原农牧复合生态系统构建及资源持续利用关键技术集成与试验示范"在宁夏盐池花马池镇建立核心试验示范区1800亩,在宁夏吴忠、中卫建立试验示范区22600亩,在宁夏引黄灌区和中南部辐射推广10万多亩,培育生态产业企业2家。同时,课题获授权专利4项,完成专业技术标准9项,培养技术骨干17人、博士研究生3人、硕士研究生13人。国家科技支撑计划课题"枣果商品化无损检测分级关键技术装备"研制了"农户型枣果自动化分级生产设备"及"红枣采后自动分级、清洗风干、快速称重商品化成套处理设备"等2种样机,在灵武市长枣生产基地建立了2条生产中试线,建立设备成果推广示范基地4个,应用推广16台/套,促进了红枣产业提质增效。同时,课题获授权专利3项,登记软件著作权2项,获宁夏科技进步二等奖1项,培养技术骨干20人、博士研究生3人、硕士研究生17人。国家科技支撑计划课题"清真牛羊肉生产运销过程中危害物及穆斯林禁忌物控制、溯源关键技术研究及示范"制订了清真检测、认证标准8部,研发牛羊产地、品种及污染物分子指纹溯源技术1项,构建了清真牛羊肉、肉制品、主产区牛羊DNA指纹全程质量溯源信息平台,实现用户、企业、政府相关部门对清真牛羊肉及产品的质量监控和溯源。在宁夏涝河桥清真肉食品有限公司改建年产3000吨冷鲜牛、羊肉加工生产线各1条,每年可生产5000吨安全达标冷鲜牛羊肉;在宁夏伊味清真食品有限公司、宁夏安优卜清真食品有限公司改建生产线各1条,每年可生产安全达标清真牛羊肉食品各1000吨。学校完成了自治区重点委托项目《神秘的西夏》史学稿本和情景再现本的撰稿任务,为拍摄团队的编剧和艺术创造奠定了坚实的基础。《神秘的西夏》2015年在中央电视台10套科教频道播出。《宁夏日报》以"用心血呕出每一个字符——纪录片《神秘的西夏》"为题刊发了系列报道。

科技创新平台建设工作

【交流合作】 为实现学校国家重点实验室零突破,多次邀请科技部、教育部,自治区科技厅、教育厅领导以及青岛科技大学、中石化等单位的专家学者到校就实验室定位、研究方向、人才引进、体制机制创新等方面开展论证咨询,并选派相关人员赴厦门大学、华中科技大学、武汉大学、华中农业大学等校学习考察国家重点实验室建设情况。

【经费及荣誉】 2015年,科技创新平台共获自治区创新发展项目经费250万元。西北土地退化与生态恢复国家重点实验室培育基地、西部特色生物资源保护与利用教育部重点实验室被评为优秀重点实验室。2位青年科研人员入选自治区首届科技创新领军人才。1人推荐申报国家科技创新领军人才。学校葡萄与葡萄酒创新团队,以及与宁夏泰瑞制药股份有限公司联合申报的兽用抗生素发酵技术研究创新团队入选自治区科技创新团队。

附:

2015 年科研立项项目数及经费统计表

单　位	国家级 （含部委级）	自治区级	小　计	批准经费（万元）
农学院	20	44	64	4315.7
新技术中心	4	7	11	1322.0
生科学院	10	12	22	513.5
数计学院	8	12	20	281.7
物电学院	5	12	17	266.5
化工学院	4	13	17	263.0
政法学院	6	13	19	240.0
土水学院	5	9	14	238.5
预科学院	1	8	9	208.1
葡萄酒学院	0	2	2	195.1
经管学院	5	18	23	185.4
人文学院	10	8	18	182.0
能源化工实验室	2	9	11	160.5
资环学院	2	5	7	109.5
机械学院	1	9	10	109.0
光伏材料实验室	2	5	7	95.5
西夏学研究院	2	2	4	90.0
教育学院	2	6	8	77.5
西部发展研究中心	1	3	4	59.0
体育学院	2	5	7	38.3
西部生态中心	1	4	5	35.5
回族研究院	1	2	3	27.0
新能源研究中心	0	2	2	21.5
阿拉伯学院(阿拉伯研究院)	1	1	2	21.0
国际教育学院	1	0	1	20.0
马克思主义学院	0	5	5	9.1
外语学院	0	4	4	8.5
新华学院	0	2	2	7.5
音乐学院	0	3	3	4.0
美术学院	0	2	2	2.0
其　他	1	14	15	68.0
合　计	97	241	338	9174.9

2015 年各单位科研成果统计表

单 位	教 材	专 著	论 文					合 计
			SCIE	EI	A&HCL	cpcis	核 心	
农学院	0	2	6	1	0	2	152	163
土水学院	1	7	0	2	0	1	63	74
生科学院	0	0	9	0	0	0	55	64
化工学院	2	0	13	5	0	0	42	62
物电学院	3	1	4	2	0	3	42	55
资环学院	0	2	3	1	0	1	43	50
西部生态中心	0	2	3	2	0	1	39	47
数计学院	2	0	4	1	0	1	35	43
机械学院	2	0	0	0	0	2	31	35
政法学院	0	1	0	0	0	0	30	31
教育学院	0	2	0	0	0	0	28	30
经管学院	2	6	0	0	0	0	22	30
能源化工实验室	0	0	11	5	0	0	14	30
人文学院	1	7	0	0	0	0	16	24
外语学院	2	2	0	0	1	0	16	21
马克思主义学院	0	3	0	0	0	0	14	17
西部发展研究中心	0	0	0	0	0	0	16	16
西夏学研究院	0	3	0	0	2	0	11	16
预科学院	3	1	2	2	0	0	7	15
回族研究院	0	5	0	0	0	0	10	15
光伏材料实验室	0	0	4	2	0	0	8	14
新技术应用研究开发中心	0	0	1	1	0	0	9	11
音乐学院	0	1	0	0	0	0	9	10
新华学院	1	0	0	0	0	0	9	10
图书馆	0	2	0	0	0	0	7	9
阿拉伯学院(阿拉伯研究院)	0	4	0	0	0	0	4	8
新闻传播学院	0	1	0	0	0	0	7	8
美术学院	0	0	0	0	0	0	2	2
葡萄酒学院	0	0	0	0	0	0	2	2
新能源研究中心	0	0	0	0	0	0	2	2
体育学院	0	0	0	1	0	0	0	1
继续教育学院	0	0	0	0	0	0	1	1
其 他	0	0	2	3	0	1	31	37
合 计	19	52	62	28	3	12	777	953

2015 年承担的自治区级及以上科研课题一览表

序　号	课　题	主持人	批准经费（万元）	课题来源
1	西北盐碱地生态恢复关键技术研究与示范	孙兆军	794.0	国家林业公益性行业科研专项经费项目
2	新丝路经济带清真食品生产技术升级与品牌创新模式研究	罗瑞明	319.0	国家民族事务委员会(国家科技支撑计划课题)
3	西夏通志	杜建录	80.0	国家社科基金重大项目
4	伊斯兰教思想中国化的理论与实践研究	孙振玉	80.0	国家社科基金重大项目
5	肺泡上皮细胞与巨噬细胞互作对牛结核分枝杆菌感染的免疫调节机制研究	王玉炯	63.0	国家基金面上项目
6	带电沙尘暴中的辐射传输理论研究	李兴财	48.0	国家基金地区科学基金项目
7	灵武长枣采后光谱特征变化的生物光学机理研究	何建国	44.0	国家基金地区科学基金项目
8	OsDSR2 在水稻响应干旱和盐胁迫中的调控机制	罗成科	43.0	国家基金地区科学基金项目
9	多源遥感影像的分层特征信息提取与宁夏生态环境地物目标分类识别	汪西原	43.0	国家基金地区科学基金项目
10	干湿交替灌溉模式下灌淤土裂隙特征及其对优先流的影响	余海龙	43.0	国家基金地区科学基金项目
11	基于光谱信息的龟裂碱土盐渍化程度预测研究	张俊华	43.0	国家基金地区科学基金项目
12	基于人类—湿地耦合的西部典型城区湖泊湿地生态服务价值评估及生态安全构建	钟艳霞	43.0	国家基金地区科学基金项目
13	微咸水灌溉方式对番茄果实糖积累及蔗糖代谢影响机理	高艳明	42.0	国家基金地区科学基金项目
14	分子印迹功能化量子点在水中抗生素智能检测中的应用研究	倪　刚	42.0	国家基金地区科学基金项目
15	山葡萄特异 CBL-CIPK 互作子介导的低温胁迫应答机理研究	徐伟荣	42.0	国家基金地区科学基金项目
16	舍饲滩羊体脂共轭亚油酸合成调控及其机制研究	周玉香	42.0	国家基金地区科学基金项目
17	无机铜/蒙脱石纳米复合材料杀灭沙门氏菌的机理研究	麻晓霞	41.0	国家基金地区科学基金项目
18	牛源牛分枝杆菌的 MIRU-VNTR 法分型鉴定及其对主要免疫细胞的功能影响研究	许立华	41.0	国家基金地区科学基金项目
19	库源关系对贺兰山东麓"欧亚"和"欧山"种酿酒葡萄花色苷积累的影响机理研究	单守明	40.0	国家基金地区科学基金项目
20	宁夏枸杞中氨基甲酸酯类农药的动态残留及在土壤中的环境归趋	郝凤霞	40.0	国家基金地区科学基金项目
21	基于机器视觉的膜下滴灌青贮玉米长势监测与营养诊断体系构建	贾　彪	40.0	国家基金地区科学基金项目
22	石墨烯透明电极光电性能调控机理研究	李国龙	40.0	国家基金地区科学基金项目
23	基于生态优先的宁夏中南部干旱区域水资源配置模式构建	李金燕	40.0	国家基金地区科学基金项目
24	宁夏中部干旱带老压砂地枣树适应性生长对土壤水分响应关系研究	李王成	40.0	国家基金地区科学基金项目
25	结核分枝杆菌 CFP10 和 ESAT6 蛋白在巨噬细胞抗结核分枝杆菌感染中的调控作用及分子机制研究	李　武	40.0	国家基金地区科学基金项目
26	沙棘属植物叶片化学计量特征及驱动因素	李小伟	40.0	国家基金地区科学基金项目
27	Shh/NF-κB/p53 信号通路在肺泡Ⅱ型上皮细胞抗结核分枝杆菌免疫应答中的调控作用	李　勇	40.0	国家基金地区科学基金项目

续表 1

序　号	课　题	主持人	批准经费（万元）	课题来源
28	西北地区盐碱地柳枝稷生物质形成规律与水肥调控效应研究	刘吉利	40.0	国家基金地区科学基金项目
29	寒旱区粉煤灰细骨料混凝土配合比设计方法及机理研究	毛明杰	40.0	国家基金地区科学基金项目
30	小三毛金藻生长特性与毒素积累代谢动力学研究	邱小琮	40.0	国家基金地区科学基金项目
31	荒漠化草原土壤漆酶基因多样性及微生物群落结构研究	徐春燕	40.0	国家基金地区科学基金项目
32	基于外墙保温应用的泡沫石膏料制备及嵌生稳泡机理研究	杨建森	40.0	国家基金地区科学基金项目
33	microRNA 在疯草内生真菌苦马豆素合成中的分子调控机制研究	余永涛	40.0	国家基金地区科学基金项目
34	沙生植物害虫—天敌对荒漠景观破碎化的响应及尺度效应研究	张大治	40.0	国家基金地区科学基金项目
35	利用大型溞控制微囊藻水华的生物学机理研究	赵红雪	40.0	国家基金地区科学基金项目
36	混合丙烷、C4 烃同步转化制丙烯复合多功能催化剂的研究	赵天生	40.0	国家基金地区科学基金项目
37	基于弱配位基团导向 C-H 键官能团化的研究及其在药物分子末期修饰中的应用	郑庆忠	40.0	国家基金地区科学基金项目
38	枸杞 14-3-3 蛋白在花药发育中的功能及其参与 BR 信号调控网络解析	郑　蕊	40.0	国家基金地区科学基金项目
39	农田干缩裂隙与土壤优先流	朱　磊	40.0	国家基金地区科学基金项目
40	冷鲜羊肉表面微生物活细胞的透-反射高光谱特性机理与检测方法研究	郭中华	39.0	国家基金地区科学基金项目
41	多智能体系统的性能优化问题与博弈行为研究	马婧瑛	39.0	国家基金地区科学基金项目
42	贺兰山水土保持功能乔木根系锚固土壤作用与数值模拟研究	田　佳	39.0	国家基金地区科学基金项目
43	大数据环境下数据的存储安全技术研究	王怀柱	39.0	国家基金地区科学基金项目
44	结核分枝杆菌感染巨噬细胞后细胞凋亡/坏死相关 LncR-NA 分子的筛选及其调控机制研究	邓光存	38.0	国家基金地区科学基金项目
45	解淀粉芽孢杆菌 BG-09 中胞苷的分泌模式及其分子调控机理研究	方海田	38.0	国家基金地区科学基金项目
46	宁夏回族聚居型城镇空间增长模式及其机理研究	李鸣骥	38.0	国家基金地区科学基金项目
47	基于蛋白组学的枸杞果实成熟与干制中的多糖累积差异机理研究	刘敦华	38.0	国家基金地区科学基金项目
48	仿生超分子自组装制备微纳结构介晶复合电极和电化学性能研究	罗　民	38.0	国家基金地区科学基金项目
49	自毒作用在枸杞连作障碍中的作用及机制研究	纳小凡	38.0	国家基金地区科学基金项目
50	多模态轨道角动量在极化分集认知无线电网络中的应用机理研究	孙学宏	38.0	国家基金地区科学基金项目
51	回族双文化群体慈善捐助群际归因的文化动态转换及其神经机制	丁凤琴	37.0	国家基金地区科学基金项目
52	有向图中点不交圈的存在性参数	高云澍	36.0	国家基金地区科学基金项目
53	地震数值模拟中模型粗化方法研究	汪文帅	36.0	国家基金地区科学基金项目
54	社会化媒体背景下企业病毒式营销沟通策略及作用机制研究:双系统信息处理理论视角	朱丽娅	32.0	国家基金地区科学基金项目
55	基于师生满意度的西部民族地区高校二级学院制度改革研究	戴联荣	31.0	国家基金地区科学基金项目
56	基于 WSN 和 RFID 融合技术的煤矿安全动态监测与预警机制研究及应用	冯　锋	30.1	国家基金地区科学基金项目
57	嘉言懿行:国家公职人员益社会行为研究	雍少宏	30.0	国家基金地区科学基金项目

续表2

序号	课题	主持人	批准经费（万元）	课题来源
58	一类部分合作对策解的研究	陈纲	28.6	国家基金地区科学基金项目
59	回族企业伦理特性及其形成机理研究	何景涛	27.3	国家基金地区科学基金项目
60	围封前后荒漠草原区土壤种子库特征与繁殖对策研究	李国旗	18.0	国家基金科学基金项目(专项)
61	涂层导体用Ni-5at%W合金基带织构形成过程中磁学性能研究	高忙忙	20.0	国家基金青年科学基金项目
62	GNSS仿真模型服务化共享关键技术研究	胡春生	20.0	国家基金青年科学基金项目
63	宁夏中部干旱带土地利用/覆被变化对区域蒸散及土壤水分的影响	刘文娟	20.0	国家基金青年科学基金项目
64	基于径向基函数无网格离散的快速多水平算法	刘智永	18.0	国家基金青年科学基金项目
65	横电磁模导行光纤中电磁波的传播	曹雨生	17.0	国家基金青年科学基金项目
66	生态移民背景下宁夏少数民族传统体育发展困境及创新研究	孔德银	20.0	国家社科基金青年项目
67	优素福·盖尔达维中间主义思想及其对中国穆斯林的影响研究	周丽娅	20.0	国家社科基金青年项目
68	汉代安定郡梁氏家族及其文学研究	陈春霞	20.0	国家社科基金西部项目
69	东干文学批评形态研究	惠继东	20.0	国家社科基金西部项目
70	回族非物质文化遗产传承的现实困境及其对策研究	梁莉莉	20.0	国家社科基金西部项目
71	民族地区社区社会组织法律治理研究	刘芳	20.0	国家社科基金西部项目
72	宁夏回族文化空间形塑研究	王琳瑛	20.0	国家社科基金西部项目
73	"一带一路"战略与宁夏穆斯林旅游文化产业的国际化发展研究	许丽君	20.0	国家社科基金西部项目
74	刑法中的接受性责任理论研究	杨国举	20.0	国家社科基金西部项目
75	回族非物质文化遗产生产性保护研究	杨文林	20.0	国家社科基金西部项目
76	后现代文化语境与"审美异化"问题研究	张富宝	20.0	国家社科基金西部项目
77	中华传统文化精神与社会主义核心价值观的关系研究	胡滨	20.0	国家社科基金一般项目
78	俄藏黑水城汉文文献俗字整理研究	柳玉宏	20.0	国家社科基金一般项目
79	回族家谱文献考述	张詠	20.0	国家社科基金一般项目
80	英国农民抗争运动研究(13—16世纪)	张新军	20.0	国家社科基金一般项目
81	新时期巩固和发展和谐民族关系理论创新研究	孙振玉	12.0	国家社科基金重大项目子课题
82	宁夏农村科技特派员创业人才培养与技术推广	刘成敏	60.0	国家星火计划项目
83	宁南山区清真土鸡生态养殖技术推广与服务模式创建	刘敦华	60.0	国家星火计划项目
84	光伏温室种植养殖标准化技术示范与推广	张雪艳	60.0	国家星火计划项目
85	宁夏不同种植区耕地培肥与合理农作制研究与示范	何文寿	35.0	国家公益(农业专项)课题
86	宁夏中南部干旱区农业适应气候变化对策研究	王建宇	30.0	环境保护部
87	《"一带一路"国家语言状况与语言政策》系列丛书	王辉	20.0	国家语委"十二五"科研规划2015年度科研项目
88	宁夏引黄灌区优质苜蓿资源节约生产技术集成与示范	谢应忠	15.0	促进与美大地区科研合作与高层次人才培养项目
89	丝绸之路经济带(中国)林业生态修复战略研究	高桂英	12.6	国家林业局西北华北东北防护林建设局
90	语言文化调查·宁夏同心	马晓玲	10.0	国家语委科研规划领导小组
91	宁夏乡村回族的礼物交换习俗及其社会功能研究	刘洋	8.0	教育部人文社会科学研究青年基金项目
92	西夏学著作总目提要	杨志高	5.0	部省共建人文社科重点研究基地项目

续表3

序号	课　题	主持人	批准经费 （万元）	课题来源
93	《宁夏全史》——秦汉魏晋南北朝卷	梁向明	5.0	宁夏社会科学院（国家社科基金特别委托项目子课题）
94	高准确度运动能量消耗模型构建及样机研制：西北地区人群运动能量消耗测试研究	王　慧	4.8	国家体育总局运动医学研究所（国家体育科研课题）
95	汉字认知理论研究	蔡永贵	3.0	教育部（国家语委科研规划领导小组）
96	普通高校少数民族高端人才培养模式研究	郑燕玲	2.0	国家民族事务委员会
97	现代育种平台的建设	李建设	561.0	自治区育种专项
98	瓜菜种质资源创新、新品种选育和良种繁育与种子加工	王晓敏	414.0	自治区育种专项
99	瓜菜种质资源创新育新品种选育项目	李建设	325.5	自治区育种专项
100	节水耐旱特色优势作物品种引进选育	曹　兵	225.0	自治区育种专项
101	优质抗寒酿酒葡萄新品种选育及贺兰山东麓酿酒葡萄品种区域比较	单守明	200.0	自治区育种专项
102	小盆花种苗繁育与家庭观赏栽培技术示范推广	张　黎	199.6	自治区农业科技示范推广项目
103	贺兰山东麓酿酒葡萄标准化与机械化生产技术示范与推广	张军翔	175.1	自治区农业科技示范推广项目
104	道地中药材规范种植生产技术示范与推广	王　俊	143.6	自治区农业科技示范推广项目
105	叠氮化合物介入的手性合成研究	顾培明	50.0	宁夏科技创新领军人才培养计划
106	可持续酿酒葡萄栽培技术研究	张军翔	50.0	宁夏科技创新领军人才培养计划
107	环境型植物源农药的开发及集成应用	孙　权	50.0	自治区重大专项
108	牛羊养殖场环境病原微生物快速检测和控制技术研究	邓光存	40.0	自治区重大专项
109	宁夏环境保护执法问题及环境监察执法（体制机制）研究	崔明堂	40.0	自治区环境保护专项资金项目
110	重点工业园区周边土壤污染调查及防控治理措施研究	董小焕	20.0	自治区环境保护专项资金项目
111	高温条件下风光互补节水灌溉设备开发与示范	孙兆军	30.0	自治区科技对外合作
112	高容量锂离子电池新型含硅电极材料的性能调控与可控制备研究	王海龙	30.0	自治区科技对外合作（西部之光）
113	新型电石泥渣硅酸钙绝热材料制备	马海龙	20.0	自治区科技对外合作（西部之光）
114	宁夏引黄灌区优质苜蓿资源节约生产技术集成与示范	谢应忠	20.0	自治区科技对外合作
115	变化环境下六盘山地区降雨径流响应及风险研究	李　娟	15.0	自治区科技对外合作
116	煤焦油提取高附加值酚新工艺研究	李　平	15.0	自治区科技对外合作
117	二氧化碳资源化利用转化为甲醇新型催化剂的研发	马清祥	15.0	自治区科技对外合作
118	基于大数据技术的宁夏葡萄酒信息数据存储及分析处理平台研发	吴素萍	15.0	自治区科技对外合作
119	石墨烯复合透明电极的制备与光电机理研究	李国龙	10.0	自治区科技对外合作（西部之光）
120	设施瓜菜新品种引选育优质高效栽培技术研究	张亚红	68.0	自治区科技富民强县
122	精准灌溉施肥机研制与瓜菜灌溉制度研究	高艳明	65.0	自治区科技富民强县和农业科技园区专项项目
123	光伏温室利用模式研究与示范	张雪艳	57.0	自治区科技富民强县
124	欧洲月季新品种引进与栽培技术研究示范	张　黎	20.0	自治区科技富民强县
125	椰枣高产栽培技术转移与示范	孙兆军	200.0	自治区科技特派员项目
126	奶牛围产期营养调控和保健技术示范与推广	何生虎	35.1	自治区农业科技示范推广项目
127	枸杞热风与微波组合快速干燥生产线关键技术研究	李明滨	20.0	自治区科技支撑计划

续表4

序　号	课　　题	主持人	批准经费（万元）	课题来源
128	制药废水中高浓度四环素去除及回收关键技术研究与应用	马玉龙	20.0	自治区科技支撑计划
129	基于高光谱成像技术的马铃薯快速无损检测自动分级系统的研发	汤全武	20.0	自治区科技支撑计划
130	便携式风电机组增速机监控仪的研发	王春秀	20.0	自治区科技支撑计划
131	生物催化深度处理含难降解有机物工业废水的关键技术	薛　屏	20.0	自治区科技支撑计划
132	基于 B/S 架构和矩阵式二维码的认识数字档案查阅管理系统研发	张莉娟	20.0	自治区科技支撑计划
133	HZSM-5 分子筛催化剂直接合成工艺研发	赵天生	20.0	自治区科技支撑计划
134	低成本太阳能级多晶硅制备新技术研究	高忙忙	15.0	自治区科技支撑计划
135	大宗优势中药材病虫草害绿色防治技术研究与示范	史　娟	10.0	自治区科技支撑计划
136	贺兰山东麓葡萄保护区土壤环境质量评价及修复技术研究示范	王建宇	10.0	自治区科技支撑计划
137	固定化复合微生物处理养殖水体中氨氮的研究	毕江涛	20.0	自治区重点研发计划（科技惠民)项目
138	宁东基地周边地区土壤重金属污染特征分析及生物联合修复关键技术示范	罗成科	20.0	自治区重点研发计划（科技惠民)项目
139	宁夏东部荒漠草原人工植被恢复模式下的土壤水分与植被承载力评价	王红梅	20.0	自治区重点研发计划（科技惠民)项目
140	宁夏中药材产业基地科技战略选择和管理创新研究	王仲梅	10.0	自治区重点研发计划（科技惠民)项目
141	推进特色农业产品品牌建设政策和措施研究	黄立军	15.0	自治区农业经济发展研究(农牧厅)
142	我区农业专项资金绩效后评估方法研究	张会萍	15.0	自治区农业经济发展研究(农牧厅)
143	引黄灌区麦后复种饲料油菜关键技术研究与示范	何文寿	15.0	自治区农业关键技术攻关项目补助资金
144	康乃馨二茬花生产技术研究试验、新品种展示、基质栽培、水肥一体化示范	张　黎	10.0	自治区高标准现代农业示范基地补助资金
145	红寺堡区益民中药材公司甘草水肥调控栽培技术研究	王　俊	10.0	自治区高标准现代农业示范基地补助资金
146	肉牛规模养殖场畜禽疫病净化技术示范推广	何生虎	8.0	自治区高标准现代农业示范基地补助资金
147	大宗水产品池塘标准化健康养殖技术示范推广项目	邱小琮	8.0	自治区高标准现代农业示范基地补助资金
148	奶牛快速扩繁	王　玲	10.0	自治区重大专项(子课题)
149	奶牛遗传改良与选育	许立华	10.0	自治区重大专项(子课题)
150	用于煤基甲醇羰化的高性能双金属配合物催化剂的定向设计合成与催化性能研究	吉文欣	8.0	宁夏基金重点项目
151	荒漠草原人工灌木林地下水埋深生长季变化规律及其与降水量关系	刘秉儒	8.0	宁夏基金重点项目
152	耐盐 SOS 途径基因的生物学整合效应分析	麻冬梅	8.0	宁夏基金重点项目
153	径向基函数无网格离散系统的多水平迭代算法	刘智永	6.0	宁夏基金重点项目
154	二维金属氧化物/石墨烯纳米复合材料的制备及其储锂性能的研究	刘清明	6.0	宁夏基金重点项目
155	3d-4f 杂化组装的羧酸吡啶基三唑抑菌配合物的制备及活性研究	田晓燕	6.0	宁夏基金重点项目

续表5

序号	课题	主持人	批准经费（万元）	课题来源
156	氨基甲酸酯类农药枸杞—土壤中的吸附及迁移规律研究	郝凤霞	5.0	宁夏基金面上项目
157	早期断尾对滩羊生长发育以及产肉性能和肉品质影响的研究	蒋 万	5.0	宁夏基金面上项目
158	基于群智能算法的电力负荷预测模型及其应用研究	李 萍	5.0	宁夏基金面上项目
159	用于体外研究的乳腺上皮细胞模型的建立	刘军红	5.0	宁夏基金面上项目
160	基于细观结构演化的灵武长枣损伤断裂机制与宏观力学行为研究	王昱潭	5.0	宁夏基金面上项目
161	Wnt5a/JNK 信号通路在肺泡上皮细胞抗结核分枝杆菌感染中的作用研究	徐金瑞	5.0	宁夏基金面上项目
162	ELOV2 和 ELVO5 基因在固原鸡肉质性状中的表达规律及关联研究	张 娟	5.0	宁夏基金面上项目
163	基于 GIS 的西夏区贺兰山东麓葡萄产区土壤重金属含量的空间分布及污染评价	赵亚峰	5.0	宁夏基金面上项目
164	双峰驼重链抗体 VHH 基因原核表达载体的构建及产物生物活性研究	杜 军	4.0	宁夏基金面上项目
165	基于近红外高光谱成像技术对原料乳冷藏过程中微生物污染快速检测方法研究	剧 柠	4.0	宁夏基金面上项目
166	酰腙类药物为配体的过渡金属配合物的构筑及其药效变化规律研究	任建林	4.0	宁夏基金面上项目
167	基于时空路网的交通拥堵预测模型构建研究	邓 箴	3.0	宁夏基金面上项目
168	宁东煤化工污泥混煤制污泥水煤浆的研究	董 梅	3.0	宁夏基金面上项目
169	改进的粒子群优化算法及其应用研究	段玉红	3.0	宁夏基金面上项目
170	新型炭基复合吸附剂的制备及其处理煤化工废水的应用研究	房俊卓	3.0	宁夏基金面上项目
171	宁夏设施蔬菜农药污染土壤的微生物修复研究	顾 欣	3.0	宁夏基金面上项目
172	反义锁核酸技术阻断表皮葡萄球菌 AI-2 密度感应系统对生物被膜的影响	管翠萍	3.0	宁夏基金面上项目
173	基于独立分量分析的间歇过程监控方法	郭 辉	3.0	宁夏基金面上项目
174	宁夏平原农田防护林小气候效应及对作物产量的影响	何 俊	3.0	宁夏基金面上项目
175	基于机器视觉的青贮玉米生长监测与营养诊断研究	贾 彪	3.0	宁夏基金面上项目
176	滩羊肥胖基因编码序列的克隆及表达模式研究	康晓龙	3.0	宁夏基金面上项目
177	太阳能电池浆中基体树脂与银粉吸附机理研究	李国龙	3.0	宁夏基金面上项目
178	宁夏地区羊口疮病毒分离鉴定及毒力基因 OVIFNR 功能的研究	李继东	3.0	宁夏基金面上项目
179	纳米磁性材料 NdFeB 的制备及相关性能研究	李建梅	3.0	宁夏基金面上项目
180	黄土高原草地深层土壤有机碳、全氮固持动态对封育的响应	李建平	3.0	宁夏基金面上项目
181	基于生态保护的宁夏中部干旱生态环境需水研究	李金燕	3.0	宁夏基金面上项目
182	硅基烯烃的不对称加氢反应研究	李 锐	3.0	宁夏基金面上项目
183	结核分枝杆菌 CFP10 和 ESAT6 蛋白在巨噬细胞 抗结核分枝杆菌感染中的调控作用及分子机制研究	李 武	3.0	宁夏基金面上项目
184	灵武长枣节水灌溉制度及平衡施肥技术研究	李应海	3.0	宁夏基金面上项目
185	路域建设对脆弱荒漠草原生物多样性的影响及生态效应评价	刘任涛	3.0	宁夏基金面上项目
186	与稳态的薛定谔算子有关的 Dirichlet 问题及其应用	龙品红	3.0	宁夏基金面上项目
187	基于矿质元素指纹分析的贺兰山东麓葡萄酒产地溯源指标的筛选	罗玲玲	3.0	宁夏基金面上项目

续表6

序　号	课　题	主持人	批准经费（万元）	课题来源
188	高性能轨道交通车辆滚动轴承疲劳可靠性设计	马国华	3.0	宁夏基金面上项目
189	Ti 掺杂石墨烯气敏性质的第一性原理研究	马　玲	3.0	宁夏基金面上项目
190	肿瘤标示物阵列电化学适体传感器研究	彭亚鸽	3.0	宁夏基金面上项目
191	沙尘暴动力学重构模型的研究与建立	秦飞舟	3.0	宁夏基金面上项目
192	聚酯型水性聚氨酯分散体扩链反应机制和应用性能的研究	孙彦璞	3.0	宁夏基金面上项目
193	光催化混凝土的制备及其在废水处理中的应用研究	谭亚云	3.0	宁夏基金面上项目
194	供应链环境下库存控制的优化方法研究	田进凤	3.0	宁夏基金面上项目
195	宁夏引黄灌区地表蒸散发过程对人类活动的响应	王炳亮	3.0	宁夏基金面上项目
196	西甜瓜白粉病苗期抗病性鉴定方法研究及抗病种质资源筛选	王晓敏	3.0	宁夏基金面上项目
197	基于低碳交通战略的银川中心城区城市空间生态化拓展研究	王晓燕	3.0	宁夏基金面上项目
198	牛结核分枝杆菌通过激活 NF-κB 通路诱导巨噬细胞凋亡的作用研究	魏凡华	3.0	宁夏基金面上项目
199	石墨烯对宁夏水环境中泰乐菌素和重金属 Mn 的吸附行为及机制研究	吴玉花	3.0	宁夏基金面上项目
200	针对宁夏多样化生态敏感区的桥梁绿色施工综合评价体系研究	夏国平	3.0	宁夏基金面上项目
201	荒漠土壤中木质素降解菌的分离、筛选、培养与荒漠土壤微生物修复剂的研制	徐春燕	3.0	宁夏基金面上项目
202	分数阶偏微分方程高精度数值方法研究	杨继业	3.0	宁夏基金面上项目
203	超声波辅助制备甲虫甲克素/壳聚糖的工艺研究	张建英	3.0	宁夏基金面上项目
204	高 Nb-TiAl 合金纤维制备技术与应用研究	张树玲	3.0	宁夏基金面上项目
205	多次冻融循环条件下宁夏地区硫酸盐渍土膨胀特性研究	张卫兵	3.0	宁夏基金面上项目
206	高矫顽力磁力显微镜探针用 FePt-C 薄膜的磁性优化	郑　富	3.0	宁夏基金面上项目
207	多文本跨语言对勘与西夏语专题研究	段玉泉	4.0	宁夏哲学社会科学规划一般项目
208	基于多传感器信息融合的宁夏"大交通"建设现状分析及对策研究	郝惠娟	4.0	宁夏哲学社会科学规划一般项目
209	宁夏政府向社会力量购买公共体育服务研究	刘旭东	4.0	宁夏哲学社会科学规划一般项目
210	"一带一路"战略下的宁夏法治化国际化营商环境建设研究	唐　芳	4.0	宁夏哲学社会科学规划一般项目
211	宁夏推进精准扶贫政策研究	王国庆	4.0	宁夏哲学社会科学规划一般项目
212	宁夏大学生思想状况调查	王思鸿	4.0	宁夏哲学社会科学规划一般项目
213	不同群体体育消费特征对宁夏地区体育产业发展影响的实证研究	徐芝芳	4.0	宁夏哲学社会科学规划一般项目
214	宁夏南部山区方言语法比较研究	杨晓宇	4.0	宁夏哲学社会科学规划一般项目
215	宁夏农村留守老人问题研究	张　琴	4.0	宁夏哲学社会科学规划一般项目
216	文化语境的嬗变与审美异化问题研究	张富宝	4.0	宁夏哲学社会科学规划一般项目
217	新常态下宁夏经济结构转型升级研究	张小盟	4.0	宁夏哲学社会科学规划一般项目
218	西部高校少数民族人才培养模式研究	郑燕玲	4.0	宁夏哲学社会科学规划一般项目
219	中阿博览会常用词汉、英、阿三语词典	周玉忠	4.0	宁夏哲学社会科学规划一般项目
220	宁夏原产地形象与葡萄酒品牌竞争力研究	朱丽娅	4.0	宁夏哲学社会科学规划一般项目
221	宁夏农村公共体育服务现状与对策研究	古雅辉	2.5	宁夏哲学社会科学规划青年项目
222	清代回族人物别集研究	邵　敏	2.5	宁夏哲学社会科学规划青年项目
223	宁夏政府购买社会工作服务的政策优化研究	王俊丽	2.5	宁夏哲学社会科学规划青年项目

续表7

序 号	课 题	主持人	批准经费（万元）	课题来源
224	张贤亮文学与电影作品的比较研究	王琳琳	2.5	宁夏哲学社会科学规划青年项目
225	旅游干预下宁夏传统村落回族文化空间形塑研究	王琳瑛	2.5	宁夏哲学社会科学规划青年项目
226	宁夏清真食品产业国际化发展路径研究	杨海娟	2.5	宁夏哲学社会科学规划青年项目
227	丝绸之路文化带背景下宁夏与中亚地区穆斯林民俗文化交流研究	杨巧南	2.5	宁夏哲学社会科学规划青年项目
228	清朝民族政策变迁及影响研究	张 腾	2.5	宁夏哲学社会科学规划青年项目
229	新时期宁夏回族女阿訇社会角色定位与发展对策研究	张宗敏	2.5	宁夏哲学社会科学规划青年项目
230	宁夏回族自治区新生代农民工利益诉求及权益保障研究	赵 蓉	2.5	宁夏哲学社会科学规划青年项目
231	宁夏工业经济运行分析及预测研究	赵 军	3.0	自治区软科学
232	企业信息与品牌绩效相关性研究	朱丽娅	3.0	自治区软科学
233	宁夏特色农业产业融合机制研究	鲍旺虎	2.0	自治区软科学
234	宁夏鲜活农产品流通链条研究	冯 蛟	2.0	自治区软科学
235	宁夏贫困地区乡村旅游发展研究	葛志军	2.0	自治区软科学
236	中阿金融合作的金融风险度量与管理研究	胡 华	2.0	自治区软科学
237	宁夏贺兰山东麓葡萄酒品牌建设研究	黄立军	2.0	自治区软科学
238	新常态下宁夏农牧增收问题研究	李鸿雁	2.0	自治区软科学
239	宁夏科技成果转化机制与对策研究	李丽婷	2.0	自治区软科学
240	宁夏生态文明建设路径研究	马彩虹	2.0	自治区软科学
241	宁夏外向产业结构转型升级路径研究	杨韶艳	2.0	自治区软科学
242	农村土地流转与老年人生计保障问题研究	张会萍	2.0	自治区软科学
243	宁夏清真食品产业集群品牌协同发展研究	张淑萍	2.0	自治区软科学
244	宁夏地理标志产品区域品牌维护策略研究	钟艳霞	2.0	自治区软科学
245	宁夏回族服饰产业营销创新研究	周光明	2.0	自治区软科学
246	宁夏社区舞蹈的功能与价值研究	严 津	2.0	宁夏哲学社会科学（艺术学）规划一般项目
247	宁夏回族创意文化产业发展研究——以银川市为例	杨文笔	2.0	宁夏哲学社会科学（艺术学）规划一般项目
248	基于丝路文化视角下宁夏文化产业发展策略研究	李 园	2.0	宁夏哲学社会科学（艺术学）规划一般项目
249	地方本科高校向应用技术型高校转型发展战略研究	冯 奎	2.0	宁夏哲学社会科学（教育学）规划重点项目
250	沙盘游戏对初中生攻击性的干预模式研究	曾祥岚	2.0	宁夏哲学社会科学（教育学）规划重点项目
251	宁夏流动儿童学业成绩刻板印象威胁与社会认知干预的研究	崔 淼	1.0	宁夏哲学社会科学（教育学）规划一般项目
252	宁夏南部地区小学教师开展校本教研的现实困境与路径选择	顾玉军	1.0	宁夏哲学社会科学（教育学）规划一般项目
253	宁夏农村特岗教师激励机制研究	马金龙	1.0	宁夏哲学社会科学（教育学）规划一般项目
254	宁夏高校青年教师专业发展研究	任 军	1.0	宁夏哲学社会科学（教育学）规划一般项目

续表 8

序　号	课　题	主持人	批准经费（万元）	课题来源
255	城市形象宣传招贴设计的研究与应用	纪光耀	1.0	宁夏哲学社会科学（艺术学）规划青年项目
256	宁夏境内丝路文化艺术在历史沿袭中的渗透与流变	闫　楠	1.0	宁夏哲学社会科学（艺术学）规划青年项目
257	宁夏高校学生传承和践行传统优秀伦理文化研究	钱容德	0.6	宁夏哲学社会科学（教育学）规划青年项目
258	清真食品伤害危机溢出效应的预警机制与应对策略研究	冯　蛟	5.0	宁夏高校优秀青年基金项目
259	过渡金属/稀土改性的 Ir 系列催化剂催化甲醇羰基化的协同作用机理与催化性能研究	吉文欣	5.0	宁夏高校优秀青年基金项目
260	西北地区重要蜱传病毒的生态学和流行病学研究	李　勇	5.0	宁夏高校优秀青年基金项目
261	SiC 基磁性半导体第一性原理研究	林雪玲	5.0	宁夏高校优秀青年基金项目
262	宁夏沙区退耕还林与还草对土壤—植被系统的影响比较	刘任涛	5.0	宁夏高校优秀青年基金项目
263	新知识群体与回族社会近代化转型研究	马　艾	5.0	宁夏高校优秀青年基金项目
264	仿酶型纳米磁性砂水处理材料的制备及应用	彭　娟	5.0	宁夏高校优秀青年基金项目
265	宁夏东部荒漠草原土壤水分的植被承载力研究	王红梅	5.0	宁夏高校优秀青年基金项目
266	话语与记忆:宁夏回族国家认同过程的实证研究	王雪梅	5.0	宁夏高校优秀青年基金项目
267	与年龄相关的时变种群动力系统的最优控制	王战平	5.0	宁夏高校优秀青年基金项目
268	土壤盐碱化对气候变暖响应机制研究	张峰举	5.0	宁夏高校优秀青年基金项目
269	偏执电压作用下巨磁阻抗传感器灵敏度与噪音特性研究	张树玲	5.0	宁夏高校优秀青年基金项目
270	高校化工专业教师下基层为化工企业开展定向服务的探索与实践	李　平	4.0	宁夏高校服务地方展项目
271	基于手机的交互式图像测量研究与应用	刘进锋	4.0	宁夏高校服务地方展项目
272	宁夏地区清真寺结构安全性能评估及加固方案研究	马彩霞	4.0	宁夏高校服务地方展项目
273	宁夏大学服务地方渔业科技创新发展	邱小琮	4.0	宁夏高校服务地方展项目
274	温室自动喷雾(喷粉)机的应用开发与技术指导	王昱潭	4.0	宁夏高校服务地方展项目
275	基于无人机技术的新型农业植保服务平台建设	张虹波	4.0	宁夏高校服务地方展项目
276	取代基苯甲酸—叠氮基金属铜单链磁体的合成,结构及性能	陈小燕	1.5	宁夏高校一般项目
277	基于 RFID 的仓储优化定位与追踪管理研究	冯　锋	1.5	宁夏高校一般项目
278	合金纳米线阵列的制备与磁性	高　华	1.5	宁夏高校一般项目
279	Al-Si 合金法制备高纯多晶硅关键技术研究	高忙忙	1.5	宁夏高校一般项目
280	宁夏荒漠草原不同群落类型优势植物叶片碳同位素组成及其水分利用效率研究	胡海英	1.5	宁夏高校一般项目
281	太阳能辅助热泵制热/储热系统的理论与实验研究	李宏燕	1.5	宁夏高校一般项目
282	级联失效条件下银川市区路网修复模型与优化策略	李耀南	1.5	宁夏高校一般项目
283	用于空气中有机污染物消除的新型光催化涂料研究	林克英	1.5	宁夏高校一般项目
284	新型 BaO/SrO-Nb2O5/Ta2O5 体系铌钽酸盐微波介电陶瓷的性能研究	刘红飞	1.5	宁夏高校一般项目
285	基于足迹家族的宁夏生态文明建设评价及提升策略研究	马彩虹	1.5	宁夏高校一般项目
286	LncRNA gas5 对巨噬细胞感染结核分枝杆菌后细胞坏死调控作用机制的研究	马臣杰	1.5	宁夏高校一般项目
287	新型 Ni 基双孔催化剂的调控及其用于 CH4/CO2 重整催化性能研究	马清祥	1.5	宁夏高校一般项目

续表9

序　号	课　题	主持人	批准经费（万元）	课题来源
288	膝关节粉碎性骨折LCP内固定数字模型建立及有限元分析	慕　松	1.5	宁夏高校一般项目
289	光催化混凝土的制备及其抗菌性能研究	谭亚云	1.5	宁夏高校一般项目
290	人体密质骨含圆弧和单周期微裂纹问题的奇异积分方程方法	王　旭	1.5	宁夏高校一般项目
291	两类典型发展型方程的有理型高精度紧致差分方法研究	魏剑英	1.5	宁夏高校一般项目
292	银川地区建筑光伏屋面构造技术优化设计研究	魏子东	1.5	宁夏高校一般项目
293	场论中圈图散射振幅的有效计算方法研究	杨　斌	1.5	宁夏高校一般项目
294	多年生小麦在宁夏中部干旱带适应性研究	朱　林	1.5	宁夏高校一般项目
295	美丽宁夏建设视域下乡村组织生态建设效能提升研究	陈　柯	1.0	宁夏高校一般项目
296	特纳的伊斯兰社会哲学及其韦伯研究	冯璐璐	1.0	宁夏高校一般项目
297	宁夏乡村教师身份认同叙事研究	顾玉军	1.0	宁夏高校一般项目
298	新常态下宁夏流通业转型升级研究	贺团英	1.0	宁夏高校一般项目
299	基于直销模式的城市农产品冷链物流共同配送模式研究——以银川市为例	黑秀玲	1.0	宁夏高校一般项目
300	BOT模式中政府职能法律制度研究	胡晓莉	1.0	宁夏高校一般项目
301	"一带一路"国家战略背景下宁夏向西开放多语互译研究	金丽华	1.0	宁夏高校一般项目
302	伊斯兰文化对企业并购的影响——以宁夏回族自治区为例	李　轩	1.0	宁夏高校一般项目
303	污染环境犯罪疑难问题研究	马卫军	1.0	宁夏高校一般项目
304	教师专业发展视角下的宁夏特岗教师教学研究现状及对策研究	马笑岩	1.0	宁夏高校一般项目
305	释意派口译理论的本土化研究	田　莎	1.0	宁夏高校一般项目
306	"丝绸之路经济带"战略对宁夏回族文化旅游集聚发展影响及其空间优化路径研究	王　磊	1.0	宁夏高校一般项目
307	宁夏高校人才队伍现状调查与提高政策研究	王　莅	1.0	宁夏高校一般项目
308	西夏工艺美术的民族特征研究	王胜泽	1.0	宁夏高校一般项目
309	民国时期宁夏历史教育研究	肖功国	1.0	宁夏高校一般项目
310	宁夏农村经纪人发展制约因素研究	徐　静	1.0	宁夏高校一般项目
311	生态视野下的少数民族地区高校音乐教育探究——以宁夏回族自治区为例	杨　笛	1.0	宁夏高校一般项目
312	新世纪以来宁夏回族女作家创作研究	杨慧娟	1.0	宁夏高校一般项目
313	西夏学论著总目提要(中国卷)	杨志高	1.0	宁夏高校一般项目
314	高校"阳光体育"一体化方案设计与实施——以宁夏大学公共体育课程创新实验研究为例	张　炜	1.0	宁夏高校一般项目
315	宁夏高校教师社会主义核心价值观内化与外化的实证研究	张　艳	1.0	宁夏高校一般项目
316	宁夏高校大学生宗教信仰的问题及对策研究	周　庆	1.0	宁夏高校一般项目
317	高校基层党组织示范点建设创新研究	李嗣丞	1.0	全区教育系统党建示范点研究课题
318	国防生思想政治教育研究	刘伯川	1.0	全区教育系统党建示范点研究课题
319	探索高校党建工作新机制,改进大学生党员发展质量和发挥作用形势	沈岩东	1.0	全区教育系统党建示范点研究课题
320	特色基因挖掘与分子育种技术研究	冯登侦	382.0	宁夏宇泊科技有限公司(自治区农业育种专项课题)

续表 10

序 号	课 题	主持人	批准经费（万元）	课题来源
321	土壤快速培肥改良技术研究及玉米增产增效综合集成技术示范	李培富	199.7	宁夏水利科学研究院(国家科技支撑计划子课题)
322	干旱气象科学研究——我国北方干旱致灾过程及机理	肖国举	124.0	中国气象局兰州干旱气象研究所(公益性行业(气象)科研专项)
323	旱区粮食规模化生产与粮食产业协同增效技术集成	康建宏	82.0	西北农林科技大学("十二五"农村领域国家科技计划子课题)
324	宁夏草原生态保护补助奖励机制政策效益评价研究	马红彬	65.0	自治区草原工作站(自治区农业财政项目资金计划课题)
325	宁夏地区不同农作物秸秆饲料在滩羊日粮中利用技术研究与示范	周玉香	30.0	甘肃农业大学(公益性行业(农业)科研专项)
326	兆瓦级风机载荷测定及前瞻性维护研究	王春秀	30.0	宁夏银星能源股份有限公司
327	清真鸡肉产品优质安全技术品牌创新示范	刘敦华	24.0	宁夏固原新月养殖有限公司(国家农业科技成果转化资金项目)
328	利用蚯蚓功能性堆肥及其有机液肥生产绿色安全园艺产品关键技术研究与示范	曹云娥	20.0	西夏区科技局(西夏区校地合作基金项目)
329	贺兰山东麓冲积扇酿酒葡萄水肥一体化栽培技术研究与示范	王振平	20.0	西夏区科技局(西夏区校地合作基金项目)
330	同心县优势特色沙生中药材规范化种植技术示范与推广	彭 励	15.0	同心县农牧和科学技术局(自治区科技惠民计划项目子课题)
331	肉牛高效养殖关键技术研究与示范	张巧娥	14.0	宁夏畜牧工作站(自治区科技支撑计划课题)
332	设施农业新品种高效节水栽培示范	张光弟	10.0	宁夏农村科技发展中心(自治区科技支撑计划课题)
333	日光温室矮晚柚引进与栽培技术研究和塑料大棚欧李引进与栽培技术研究	张 宁	8.0	宁夏农科院(自治区科技支撑计划课题)
334	宁夏网络平台建设方案设计研究	李 斌	5.0	教育厅(自治区教育工委)
335	多元文化耦合下少数民族大学生宗教信仰文化变迁研究——以穆斯林为例	邱桂平	3.5	天津大学(教育部人文社科研究项目子课题)
336	西部民族地区城乡义务教育师资均衡的财政保障机制研究	马志颖	3.0	宁夏防沙治沙职业技术学院
337	特色经果林新技术示范	蒋全熊	2.8	宁夏农村科技发展中心(自治区科技支撑计划课题)
338	宁夏体育非物质文化遗产现状调查和信息采集	马兆明	2.0	深圳大学(国家社科基金重大项目子课题)
339	西部民族地区研究生教育现状调查研究	冯秀芳	0.5	中国学位与研究生教育学会
	合 计		9174.9	

2015 年横向合作项目一览表

序 号	项 目	主持人	资助经费（万元）	项目来源
1	羊草新品种人工草地移栽与持续管理关键技术示范	许 兴	90.0	自治区农业综合开发办公室
2	米粮川新村盐碱地治理	刘成敏	70.0	中卫市香山乡政府
3	宁夏同心县下马关枸杞滴灌水肥最优组合试验研究	尹 娟	69.0	同心县水务局
4	以人为本理念下的宁夏典型公路安全评价及保障研究	王 芳	50.0	自治区交通厅
5	绿色、安全宁夏枸杞专用肥料研发与示范	曹云娥	49.5	中宁县农业综合技术开发办公室
6	宁夏回族自治区商业网点规划	马东彦	44.9	自治区商务厅
7	宁夏西吉县党家岔湿地保护区综合科学考察	何彤慧	40.0	西吉县党家岔湿地保护区管理处
8	IPv4/IPv6 环境下的多业务加速技术应用研究	高玉琢	37.4	北京星灿科技开发有限公司
9	泰乐素菌种选育技术合作	苏建宇	35.0	宁夏泰瑞制药股份有限公司
10	羊草新品种移栽技术示范与推广	毛桂莲	30.0	自治区农业综合开发办公室
11	羊草种子田改造及快繁苗培育新技术应用示范	徐秀梅	30.0	自治区农业综合开发办公室
12	功能性堆肥及其衍生产品生产绿色、安全农作物示范与推广	曹云娥	30.0	自治区农业综合开发办公室
13	秸秆生物还田与抑制性堆肥作物安全生产技术示范推广	曹云娥	30.0	自治区农业综合开发办公室
14	大连新机场前期环境影响专题研究电磁专题	纳小凡	30.0	中国环境科学院
15	宁夏与丝绸之路沿线国家交往合作重大问题研究	齐 岳	28.0	宁夏内陆开放型经济试验区领导小组办公室
16	银川市城市商业网点规划（2015—2020）	马东彦	26.0	银川市商务局
17	作物安全高效生产关键技术研究与示范	曹云娥	25.0	自治区农业综合开发办公室
18	生态高值农业品质提升与病虫防控关键技术示范推广	刘成敏	25.0	自治区农业综合开发办公室
19	银川滨河黄河大桥衔接路网交通疏解方案	王 芳	25.0	上海市政工程设计研究总院有限公司
20	泰妙素菌种选育技术合作	苏建宇	25.0	宁夏泰瑞制药股份有限公司
21	清真鸡肉产品质量安全及品牌研究与示范	刘敦华	24.0	固原新月养殖有限公司
22	抑制性堆肥与堆肥浸提液作物安全生产技术示范与推广	曹云娥	24.0	灵武市农业综合开发办公室
23	玉米高光效及秸秆生物还田作物安全生产技术示范推广	曹云娥	24.0	中宁县农业综合技术开发办公室
24	换热器腐蚀机理项目研究	刘万毅	21.6	乌审旗庆港洁能资源利用有限公司
25	宁夏农村生活污水处理实用技术调研	邹淑燕	20.9	自治区环保厅
26	光伏工程技术开发合作	李 进	20.0	中卫市银阳新能源有限公司
27	宁夏回族自治区公益性农产品市场布局规划（2015—2020）	马东彦	20.0	自治区发展和改革委员会
28	玉米高光效及秸秆生物还田作物安全生产技术示范推广	曹云娥	20.0	吴忠市利通区农业综合开发办公室
29	玉米高光效及秸秆生物还田作物安全生产技术示范推广	曹云娥	20.0	同心县农业综合开发办公室
30	西吉县党家岔湿地保护区综合科学考察—陆域与水域动物调查与分析	张大治	20.0	西吉县党家岔湿地保护区管理处
31	暗管排水技术规程制度	王红雨	19.0	自治区农业综合开发办公室
32	新型沼液复合微生物滴灌肥在优势特色作物上的推广示范（YCKJ-14-08）	王 锐	19.0	银川市农业综合开发办公室
33	油系统改造合同	虎恩典	18.6	卧龙电气银川变压器有限公司
34	暗管排水技术现状调查	王红雨	18.0	自治区农业综合开发办公室
35	宁夏回族自治区城镇化发展"十三五"规划	米文宝	18.0	自治区城乡规划编制研究中心

续表1

序号	项目	主持人	资助经费（万元）	项目来源
36	红寺堡区产业扶贫规划(2016—2020)	刘小鹏	14.0	红寺堡区扶贫开发办公室
37	设施蔬菜灾害性病虫绿色防控关键技术集成示范	张雪艳	14.0	永宁县农业综合开发办公室
38	固原市文化体育新闻出版广电业"十三五"发展规划	赵小勇	14.0	固原市文化体育新闻出版广电局
39	功能性堆肥及其衍生产品生产绿色、安全农作物示范与推广	曹云娥	13.0	吴忠市利通区农业综合开发办公室
40	学生群体健康追踪及队列研究协议	徐金瑞	12.0	上海交通大学BIO-X中心
41	生态高值农业关键技术示范推广	刘成敏	12.0	青铜峡农业综合开发办公室
42	宁夏回族自治区"十三五"扶贫规划	土国庆	12.0	自治区扶贫开发办公室
43	宁夏工业转型升级和布局优化研究	张前进	12.0	自治区发展和改革委员会
44	新型沼液复合微生物滴灌肥在优势特色作物上的推广示范(YCKJ-14-05)	王锐	11.0	银川市农业综合开发办公室
45	巴彦淖尔乌兰布和酿酒葡萄标准化生产和酿酒工艺	张军翔	11.0	巴彦淖尔市乌兰布和防沙治沙局
46	灵武市再生资源循环经济示范区科学与技术发展规划编制	黄立军	10.0	灵武市再生资源循环经济示范区管理委员会
47	红寺堡区"十三五"文化体育旅游业发展规划	刘小鹏	10.0	红寺堡区文化体育旅游局
48	菌肥配施生物有机肥在拱棚西瓜上的应用推广	顾欣	10.0	利通区农业综合开发办公室
49	宁夏贺兰山林业有害生物普查	杨贵军	10.0	贺兰山国家级自然保护区管理局
50	设施蔬菜灾害性病虫绿色防控关键技术集成示范	张雪艳	10.0	平罗县农业综合开发办公室
51	氮化铝高温真空炉控制监测	李发泽	10.0	宁夏艾森达新材料科技有限公司
52	宁夏引黄灌区排水沟道固坡防塌治理模式对比试验与示范	王红雨	10.0	青铜峡农业综合开发办公室
53	玉米高光效及秸秆生物还田作物安全生产技术示范推广	曹云娥	10.0	海原县农业综合开发办公室
54	员工培训项目委托	李晓红	10.0	宁夏思通钛客科技有限公司
55	玉米高光效及秸秆生物还田作物安全生产技术示范推广	曹云娥	10.0	吴忠市红寺堡区农业综合开发办公室
56	名贵中药资源可持续利用能力建设	李小伟	10.0	中国中医科学院
57	宁夏慈安妇儿医院有限公司管理营销策划	赵智宏	10.0	宁夏慈安妇儿医院有限公司
58	宁夏黄河湿地生态系统定位观测研究站可研报告编写	何彤慧	9.8	银川市湿地管理办公室
59	宁夏湿地保护管理决策支持系统建设	何彤慧	9.0	自治区湿地保护管理中心
60	宁夏区域内土壤调查与分类	余海龙	9.0	中国农业科学院农业资源与农业区划研究所
61	MTP催化剂性能评价(一)	范素兵	8.9	山东齐鲁科力化工研究院有限公司
62	吴忠市同心县"十三五"文化旅游体育广电发展规划	郭占军	8.0	吴忠市同心县文化旅游体育广电局
63	日粮阴阳离子水平对宁夏育肥羊血尿理化指标及其生产性能的影响研究	辛国省	8.0	宁夏大北农科技实业有限公司
64	基于鱼菜共生的池塘生态养殖技术研究	赵红雪	8.0	宁夏大北农科技实业有限公司
65	低排日粮下育肥猪肉质改善综合技术研究	张桂杰	8.0	宁夏大北农科技实业有限公司
66	代血浆明胶技术合作	岳思君	8.0	宁夏鑫浩源生物科技股份有限公司
67	煤化所催化剂模试评价(一)	赵天生	7.8	中国科学院山西煤炭化学研究所
68	吴忠市金积工业园区清真食品企业生产标准	李自然	7.5	吴忠市金积工业园区管理委员会
69	朝那鸡提纯复壮育种技术委托协议	张娟	7.2	彭阳县畜牧技术推广服务中心
70	日粮能量水平对奶牛产后繁殖性能的影响	王玲	7.0	宁夏大北农科技实业有限公司
71	功能性堆肥及全营养微生物茶配套构建循环生态农业关键技术示范与推广	曹云娥	6.9	石嘴山市农业综合开发办公室

续表 2

序 号	项 目	主持人	资助经费（万元）	项目来源
72	亚麻籽相关系列新产品研发	刘敦华	6.0	吴忠市兴达粮油有限公司
73	贺兰山生物多样性观测样区建设可研报告编制	刘秉儒	6.0	宁夏贺兰山国家级自然保护区管理局
74	青铜峡库区湿地自然保护区生物多样性调查	张大治	5.0	宁夏环境科学研究院有限责任公司
75	银川市清真食品深加工和穆斯林用品项目	那 黎	5.0	银川市经济技术合作局
76	数据采集加工服务	刘立波	5.0	中国农业科学院果树研究所
77	宁夏泾源县区域与扶贫攻坚"十三五"实施规划	王国庆	5.0	泾源县扶贫开发办公室
78	基于生物浮床的池塘生态养殖技术研究	赵红雪	5.0	宁夏大北农科技实业有限公司
79	银川市湖泊水质分析及其水环境容量研究	陶 红	5.0	银川市环境监测站
80	优先防范外来动物疫病防治技术研究储备、监测和流行病学调查	许立华	5.0	中国动物卫生与流行病学中心
81	宁夏南华山国家级自然保护区动植物资源调查	杨贵军	4.5	宁夏南华山国家级自然保护区
82	宁夏"十二五"人口形势分析与评估报告	张启敏	4.5	自治区卫生和计划生育委员会
83	双氰胺废渣制备活性氧化钙的工艺研究	胡奇林	4.3	宁夏宝马化工有限公司
84	再生铝合金热处理工艺研究	张佃平	4.0	宁夏瑞银有色金属科技有限公司
85	铝合金熔体处理技术研究	丁文捷	4.0	宁夏瑞银有色金属科技有限公司
86	再生铝定向凝固及性能研究	张树玲	4.0	宁夏瑞银有色金属科技有限公司
87	林业有害生物调查	辛 明	4.0	同心县林业局
88	林业有害生物调查	辛 明	4.0	吴忠市红寺堡区林业局
89	林业有害生物调查	辛 明	4.0	盐池县环境保护和林业局
90	宁夏石炭纪昆虫专项研究	岳艳丽	4.0	宁夏地质博物馆
91	我区农民财产性收入增长研究	杨国涛	4.0	宁夏农业经济发展研究协调小组
92	宁夏农产品加工与流通问题研究	黄立军	4.0	宁夏农业经济发展研究协调小组
93	宁夏回族自治区涉农资金信息公开调查研究	张会萍	4.0	宁夏农业经济发展研究协调小组
94	农村土地承包经营权抵押保险风险防范问题研究	戴新毅	4.0	宁夏农业经济发展研究协调小组
95	宁夏农产品质量安全属地管理责任机制研究	唐 芳	4.0	宁夏农业经济发展研究协调小组
96	宁夏六盘山片区区域发展与扶贫攻坚规划实施情况；宁夏"中国农村扶贫开发纲要（2011—2020)执行情况"	王国庆	4.0	自治区扶贫开发办公室
97	黑河流域鱼类调查与种类调查	邱小琮	3.6	中国水利水电科学研究院
98	林业有害生物调查	辛 明	3.5	吴忠市利通区森林病虫害防治检疫站
99	林业有害生物调查	辛 明	3.5	吴忠市林业技术推广服务中心
100	宁夏城市街道职能转变与服务管理方式创新	李德宽	3.5	自治区民政厅基层政权与社区建设处
101	黑河流域浮游植物检测与鉴定	邱小琮	3.4	中国水利水电科学研究院
102	宁夏推进特色农产品品牌建设具体政策和措施研究	黄立军	3.0	宁夏农业经济发展研究协调小组
103	宁夏农业专项资金绩效后评估方法研究	张会萍	3.0	宁夏农业经济发展研究协调小组
104	速降逃生背包设计开发	慕 松	3.0	宁夏中捷联华科贸有限公司
105	利通区农产品质量安全县群众满意度调研	高桂英	3.0	利通区农科局
106	永宁县农产品质量安全县群众满意度调研	高桂英	3.0	永宁县农牧局
107	宁夏财政扶持企业发展的模式创新研究——财政政策体系	刘 涛	3.0	财政厅企业处
108	宁夏财政扶持企业发展的模式创新研究——金融政策体系	仇娟东	3.0	自治区财政厅
109	银川市"十三五"人口和计划生育发展趋势预测	苏东海	3.0	银川市卫生和计划生育委员会

续表3

序 号	项 目	主持人	资助经费（万元）	项目来源
110	房屋室内外房建设备性能及病害检测	金宝宏	3.0	兰州铁路局银川房建段
111	职业技能鉴定服务	史 炜	2.7	化学化工职业技能鉴定指导中心
112	生鲜食品物流与储藏过程中微生物影响	徐春燕	2.5	武汉轻工大学
113	小型U形渠道衬砌施工质量控制及防渗防冻效果研究	王红雨	2.5	青铜峡农业综合开发办公室
114	功能性堆肥及其衍生产品生产绿色、安全农作物示范与推广	曹云娥	2.1	银川市农业综合开发办公室
115	自治区青贮玉米品种实验室共同开发协议	张桂杰	2.0	蓝德雷北京贸易有限公司
116	IPv6网络管控技术及其应用示范	高玉琢	2.0	清华大学
117	人口与计划生育课题研究咨询服务	张启敏	2.0	自治区卫生和计划生育委员会
118	宁夏智源农业装备有限公司校企合作	杨术明	2.0	宁夏智源农业装备有限公司
119	道路普通货物运输企业三级安全生产标准化建设	王 芳	2.0	宁夏广银铝业有限公司
120	IPv6过渡机制及其应用示范课题设备部署示范	高玉琢	1.8	清华大学
121	交通运输企业二级安全生产标准化建设	王 芳	1.8	宁夏银川上陵丰田汽车销售服务有限公司
122	再生铝投配料调度技术研究	丁文捷	1.0	宁夏瑞银有色金属科技有限公司
123	交通运输企业三级安全生产标准化建设	王 芳	1.0	宁夏润德银菲汽车销售服务有限公司
124	交通运输企业三级安全生产标准化建设	王 芳	1.0	宁夏兆力汽车维修服务有限公司
125	交通运输企业三级安全生产标准化建设	王 芳	1.0	宁夏交通物流产业股份有限公司东风商用车分公司
126	水路旅客运输企业三级安全生产标准化建设	王 芳	1.0	青铜峡市东方娱乐有限公司
127	《清洁》《斋戒》撰写	王根明	1.0	中国伊斯兰教协会
128	正宇泰道路客运企业三级安全标准化项目	王 芳	1.0	宁夏正宇泰旅游汽车服务有限公司
129	痕迹检验鉴定技术公安部重点实验室开放课题	王丽婷	1.0	痕迹检验鉴定技术公安部重点实验室
130	宁夏重要渔业水域生态环境监测——水体生物监测工作技术	邱小琮	1.0	自治区水产技术推广站
131	西北民族地区大学生英语综合能力培养调查分析	郭鸿雁	0.5	上海外语教育出版社有限公司
132	3D打印技术服务协议	李明滨	0.2	宁夏瑞珲江立科贸有限公司
133	兆瓦级风机载荷测定及前瞻性维护研究	王春秀	0.0	宁夏银星能源股份有限公司
134	米粮川移民新村盐碱综合治理工作	孙兆军	0.0	中卫市扶贫开发办公室
135	宁夏盐池县"十三五"扶贫规划	王国庆	0.0	盐池县扶贫开发办公室
	合 计		1644.9	

教职工出版的著作一览表

序 号	著 作	著 者	出 版 社	类 别
1	大众传媒回应与引领当代社会思潮研究	宫京成	人民日报出版社	专 著
2	党项西夏碑石整理研究	杜建录	上海古籍出版社	专 著
3	陕甘地方志中宁夏史料辑校	胡玉冰	上海古籍出版社	专 著
4	西夏姓名研究	佟建荣	社会科学文献出版社	专 著
5	西北民族地区农村教师对新课程改革适应性研究——以宁夏、甘肃、青海为例	马晓凤	中国社会科学出版社	专 著
6	近现代狭邪小说演变的转型意义研究	丁峰山	中国社会科学出版社	专 著
7	《嘉靖宁夏新志》	邵 敏	中国社会科学出版社	专 著
8	《乾隆银川小志》校注	柳玉宏	中国社会科学出版社	专 著
9	《嘉庆灵州志迹》校注	蔡淑梅	中国社会科学出版社	专 著
10	清真食品品牌溢价机制研究	姚蓓艳	中国社会科学出版社	专 著
11	二语学习者汉语语篇构建研究	马明艳	中国社会科学出版社	专 著
12	中国地方政府产业政策与地方产业转型升级	康凌翔	中国社会科学出版社	专 著
13	回族历史文化典籍与文献检索研究	陈冬梅	中国书籍出版社	专 著
14	生态移民满意度驱动机制及其安置方式选择策略研究	东 梅	经济科学出版社	专 著
15	贫困地区农户发展能力评估	杨国涛	经济科学出版社	专 著
16	Ecology of Soil Fauna in a Desertified System	刘任涛	科学出版社	专 著
17	水沙水质水利工程问题数值模拟理论与应用	赵文娟	科学出版社	专 著
18	科尔沁沙地土壤动物群落分布特征	刘任涛	科学出版社	专 著
19	旅游与贸易的互动关系研究:验证、效应与机理	赵多平	科学出版社	专 著
20	新时期中国清真食品管理与立法研究	李自然	民族出版社	专 著
21	模块化视角下的服务型工业化研究	王雅俊	中国财政经济出版社	专 著
22	贵州回族历史与文化	马 晴	贵州出版集团贵州人民出版社	专 著
23	西方教师教育思想	谢延龙	福建教育出版社	专 著
24	钢琴教学理论与经典作品分析	胡菁华	东北师范大学出版社	专 著
25	宁夏中南部干旱区域生态环境需水理论、方法与实践研究	李金燕	中国矿业大学出版社	专 著
26	粉煤灰混凝土力学性能的试验研究及其强度预测式	张文博	中国矿业大学出版社	专 著
27	社会性别视阈内的西北农村回族妇女反贫困问题	罗彦莲	宁夏人民出版社	专 著
28	中国回族文化和阿拉伯文化比较研究	王根明	宁夏人民出版社	专 著
29	回族古籍文献研究	陈冬梅	宁夏人民出版社	专 著
30	灵州诗韵	杨云才	宁夏人民出版社	专 著
31	传统政治文化对当代中国政治发展的影响	钱容德	宁夏人民教育出版社	专 著
32	枸杞食用创业路径与支持策略研究	王仲梅	宁夏人民教育出版社	专 著
33	英国反面乌托邦小说研究	白晓荣	阳光出版社	专 著
34	西部盐碱地区高性能混凝土耐久性研究	王德志	阳光出版社	专 著
35	基于驾驶特性的公路线形安全研究	王 芳	阳光出版社	专 著
36	知与行——大学生社会主义核心价值观的培育和践行研究	李 静	陕西人民教育出版社	编 著
37	"一带一路"国家语言状况与语言政策研究 第一卷	王 辉	社会科学文献出版社	编 著

续表

序 号	著 作	著 者	出版社	类 别
38	陇中黄土地	杜灵通	世界图书出版公司	编 著
39	银川平原	杜灵通	世界图书出版公司	编 著
40	宁夏古建筑	王 军	中国建筑工业出版社	编 著
41	中文版 AutoCAD2015 电气设计从入门到精通	宋 娟	中国铁道出版社	编 著
42	冷冻干燥技术原理及应用研究新进展	罗瑞明	科学出版社	编 著
43	钢结构学习指南与题解	殷占忠	武汉大学出版社	编 著
44	思想政治教育体系构建与教师队伍建设	李晓燕	吉林大学出版社	编 著
45	盐池县地名总体规划:2013—2030 年	米文宝	宁夏人民出版社	编 著
46	中国回族学第五卷	马宗保	宁夏人民出版社	编 著
47	少数民族大学生提高自我认知能力的理论与探索	王智勇	宁夏人民出版社	编 著
48	食品安全与清真食品检测	刘敦华	宁夏人民出版社	编 著
49	西夏文献解题目录	惠 宏	阳光出版社	工具书
50	机械制图与计算机绘图习题集	刘俊萍	化学工业出版社	教 材
51	大学计算机应用基础	杨绍华	机械工业出版社	教 材
52	机床数控技术与系统	蒙 斌	机械工业出版社	教 材
53	中学化学可视化教学设计与案例	吴晓红	冶金工业出版社	教 材
54	大学英语基础教程(上册)	王海芬	中国轻工业出版社	教 材
55	材料力学	张学科	中国水利水电出版社	教 材
56	美国文学	周玉忠	东华大学出版社	教 材
57	管理会计学	虎兴武	四川大学出版社	教 材
58	办公自动化高级应用	姚新波	武汉大学出版社	教 材
59	计算机文化基础	许 琼	武汉大学出版社	教 材
60	电子工艺实训教程	曾建成	西安交通大学出版社	教 材
61	电子商务概论	杨海娟	西安交通大学出版社	教 材
62	大学英语第三册	赵帮华	中国传媒大学出版社	教 材
63	新编会计学	袁 红	重庆大学出版社	教 材
64	实用现代汉语	杨晓宇	宁夏人民出版社	教 材
65	线性代数	刘 琼	宁夏人民出版社	教 材
66	基础化学实验	韩晓霞	宁夏人民教育出版社	教 材
67	大学英语四级考试题型解析与模拟训练	郭鸿雁	阳光出版社	教 材
68	数 学	潘春玲	阳光出版社	教 材
69	威克岛 1941	杨红梅	海洋出版社	译 著
70	美容帝国第一夫人	杨红梅	中信出版社	译 著
71	伊斯兰金融理论与实践	金忠杰	宁夏人民出版社	译 著

申请自治区级以上鉴定、验收的课题一览表

编 号	项 目	主持人
1	宁夏科技型中小企业融资支持体系创新研究	纪丽芳
2	基于中阿经贸论坛的宁夏会展经济可持续发展的研究	马晓云
3	中国特征的员工角色外行为双向维度研究	雍少宏
4	宁夏六盘山集中连片特困地区创新扶贫方式研究	王国庆
5	红莓种苗快繁技术研究与示范	张 黎
6	宁夏引黄灌区水资源优化配置研究	王占平
7	基于植被净化的沙湖湿地水体生态净化关键技术研究	梁文裕
8	宁夏鲜蔬供应链相关问题研究	马艳艳
9	宁夏农村物流体系及功能研究	段瑞娟
10	基于 VB 与 Mapx 的宁夏职能化旅游信息系统设计及应用研究	赵多平
11	宁夏清真食品产业政策实施效果与优化研究	哈梅芳
12	宁夏生态移民区人口与产业结构调整研究	崔明堂
13	设施蔬菜现代化节水高效优新技术产业化示范	李建设
14	宁东煤化工固体污染物污染控制技术研究	陈卫民
15	宁夏生态文明建设指标体系研究	王提银
16	基于区间智能优化的宁夏生态移民灌区水资源动态配置研究	候景伟
17	履带式葡萄喷雾剂的研制与示范	杨术明
18	基于 Multi-Agent 技术的多目标生产调度技术研究与实践	冯 峰
19	有限秩多任务核的构造与逼近	刘建强
20	宁夏引黄城市带沙土变形控制技术研究	李学丰
21	湿地土壤真菌多样性对枸杞种植的相应机制研究	纳小凡

计算机软件著作权授权一览表

序 号	名 称	所有人	登记号
1	基于 ASP.NET 的众在餐予点餐服务系统 V1.0	张虹波	2015SR012239
2	基于视频的车辆计数软件	沈宏君、李鹤龄	2015SR070795
3	基于微信公众平台的参赛投票系统	刘立波	2015SR172929
4	自动投票线上活动平台	刘立波	2015SR172161
5	基于 Android 的生日管家软件	邓 篪	2015SR172980
6	基于 Android 的学生手机理财软件	邓 篪	2015SR172157
7	基于 Android 平台的旅游服务软件	邓 篪	2015SR172962
8	杏鲍菇原基图像识别系统	朱学军	2015SR223825
9	沙埋深度探测器驱动软件 V10.	杨泽林	2015SR179583
10	沙漠机器人电源供电控制系统软件 V10.	杨泽林	2015SR179754
11	沙漠腹地信息采集系统软件 V1.0	杨泽林	2015SR179689
12	远程控制电脑的 Andriod 应用系统 V1.0	吴素萍	2015SR011716
13	基于 Andriod 平台出租车司机人身安全系统 V1.0	吴素萍	2015SR022044

专利授权一览表

序 号	名 称	发明人	专利号	类 型
1	一种阳台园艺用堆肥茶水肥一体化灌溉装置	张雪艳	ZL201310064516.8	发明专利
2	悬挂式散长草草方格固沙机	佘永卫	ZL201310215816.1	发明专利
3	液压分层式挖坑机	杨树川	ZL201310294697.3	发明专利
4	温室横向起垄机	杨树川	ZL201310294774.5	发明专利
5	一种防止饲料级苏氨酸晶体结块的方法	马玉龙	ZL201410017289.8	发明专利
6	马铃薯贮藏环境监测装置及马铃薯贮藏环境监测方法	陈彦云	ZL201310291441.7	发明专利
7	一种复方葡萄籽油软胶囊及其制备方法	马建龙	ZL201310703183.9	发明专利
8	一种多级孔 ZSM-5 分子筛及其合成方法	王 政	ZL201310201578.9	发明专利
9	泡椒鱿鱼制备方法	章 中	ZL201410004501.7	发明专利
10	风沙静电发动机	李兴财	ZL201410111610.9	发明专利
11	一种新型全营养堆肥茶微孔发酵包的制备方法	曹云娥	ZL201310046652.4	发明专利
12	筛式砂土石分离施肥一体机	张佃平	ZL201520542100.7	发明专利
13	苦苦菜泡菜的发酵制备方法	杨 波	ZL201410110663.9	发明专利
14	基于机器视觉技术的红枣无损自动分级机	何建国	ZL201310207720.0	发明专利
15	一种改善聚乳酸/聚醚酯嵌段共聚物挤出及提高抗冲击性能的方法	罗发亮	ZL201310117508.5	发明专利
16	一种用于合成气制低碳烯烃锆基催化剂的制备方法及应用	张建利	ZL201310151431.3	发明专利
17	食用菌栽培环境无线远程监控装置	朱学军	ZL201520054215.1	实用新型专利
18	一种放牧家畜专用矿物营养舔砖支架	辛国省	ZL201420527437.6	实用新型专利
19	一种生物发酵药渣的专用加工机组	陈卫民	ZL201420829925.2	实用新型专利
20	一种识别虫害的装置	孙学宏	ZL201520039666.8	实用新型专利
21	堆叠式货架转运箱	许义泉	ZL201420852258.X	实用新型专利
22	一种电解锰后处理生产线	许义泉	ZL201420841266.4	实用新型专利
23	一种从阴极板上剥离电解锰的滚压剥离装置	许义泉	ZL201420798677.X	实用新型专利
24	移树装置	邵金龙	ZL201420841288.0	实用新型专利
25	液体分层取样器	邵金龙	ZL201420841300.8	实用新型专利
26	杏鲍菇生长环境因子群落式远程监控系统	朱学军	ZL201420861335.8	实用新型专利
27	杏鲍菇栽培环境数字化信息监控平台	朱学军	ZL201520155712.0	实用新型专利
28	PLC 和 GPRS 的杏鲍菇远程监控系统	朱学军	ZL201520091517.6	实用新型专利
29	高校树木涂白机	邵金龙	ZL201420841293.1	实用新型专利
30	大型光伏电站光伏组件自动清洗机	慕 松	ZL201520166343.5	实用新型专利
31	凸轮机构学习仪	佘永卫	ZL201520054096.X	实用新型专利
32	一种可降解免伤根的沙冬青育苗容器	刘秉儒	ZL201520090124.3	实用新型专利
33	多功能壁挂桌	邵金龙	ZL201420853358.4	实用新型专利
34	温室大棚吊蔓器制作装备	杨树川	ZL201520187148.0	实用新型专利
35	一种具有夜视处理能力的视频装置	孙学宏	ZL201520040239.1	实用新型专利
36	一种煤气灶的余热回收装置	孙学宏	ZL201520292806.2	实用新型专利
37	植物标本简易录入设备	陈彦云	ZL201520101670.2	实用新型专利
38	土壤种子库快捷多用途取样器	陈彦云	ZL201520101786.6	实用新型专利

续表

序　号	名　　　称	发明人	专利号	类　型
39	微环境映射设备	陈彦云	ZL201520101860.4	实用新型专利
40	网络集群化智能培养箱	陈彦云	ZL201520101474.5	实用新型专利
41	土壤种子库智能培养箱	陈彦云	ZL201520101297.0	实用新型专利
42	植物标本便携烘干器	陈彦云	ZL201520101671.7	实用新型专利
43	非晶态金属纤维复合磁屏蔽壁纸	张树玲	ZL201520353764.9	实用新型专利
44	一种车辆违章计数装置	沈宏君	ZL201420422321.6	实用新型专利
45	植物组织培养固液两用培养瓶	陈彦云	ZL201520082146.5	实用新型专利
46	渠道生态护坡	李宏波	ZL201420800803.0	实用新型专利
47	指示原油罐中原油实时油量的装置	李宏波	ZL201520446456.0	实用新型专利
48	用于摄影摄像的构图辅助装置	胡春生	ZL2014520083713.9	实用新型专利
49	燃气计量表电子计数器传感组件筛选仪	丁文捷	ZL201520410257.4	实用新型专利
50	吹吸式吸尘器	丁文捷	ZL201520640209.4	实用新型专利
51	一种水质处理器	杨泽林	ZL201520396781.0	实用新型专利
52	沙埋深度探测器	杨泽林	ZL201420853357.X	实用新型专利
53	一种IC卡使用寿命测试装置	陈晓峰	ZL201420844304.1	实用新型专利
54	建筑物用槽式加湿降尘窗及建筑物	贺生云	ZL201520242925.7	实用新型专利
55	建筑物用自动加湿降尘窗及建筑物	贺生云	ZL201520242924.2	实用新型专利
56	一种电除尘器	陈　宇	ZL201420667740.6	实用新型专利
57	一种电除尘器	陈　宇	ZL201420666378.0	实用新型专利
58	一种控制温差防治寒冷山区公路不均匀变形的路基结构	武立波	ZL201520525929.6	实用新型专利
59	一种抗震防沙的公路路基结构	武立波	ZL201520565099.X	实用新型专利
60	耐力板日光温室	高艳明	ZL201520080096.7	实用新型专利
61	沙漠种植温室	高艳明	ZL201520080114.1	实用新型专利
62	果树地下施肥浇灌装置	李应海	ZL201520083741.0	实用新型专利

人事工作与师资队伍建设

The Annual of Ningxia University

人事与师资队伍建设工作

【师资队伍水平提升】 以"中西部高校提升综合实力"项目建设为契机,继续实施《高端人才引进培养计划》和《中青年骨干教师能力提升计划》,进一步优化人才队伍结构,提升师资队伍整体水平。新增博士45人,其中引进19人,培养26人。新增博士中,96%来自于"985""211"及中科院等重点科研院所,比例为历年最高。全校具有博士学位教师488人,占专职教学科研人员的比例由2014年的30%增长到32.5%;191名在读博士中,85%就读于"985""211"高校。2015年,考取在职博士28人,其中"985"院校3人,"211工程"院校24人,考取"211工程"以上院校人数比例为96%,相比2014年提高22%。有3名教师国内博士后进站、3名教师录取为教育部高等学校青年骨干教师国内访问学者、4名教师录取为自治区青年骨干教师国内访问学者、10人录取为自治区高校"双师型"教师培养锻炼项目;选派1名教师参加中宣部、教育部哲学社会科学教学科研骨干研修班。派出海外研修人员94人,其中,国家公派15人,同时,学校利用"学科骨干国际化水平提升计划"派出19名教学科研骨干赴英国剑桥大学、美国康奈尔大学、美国伯克利国家重点实验室、日本早稻田大学等具有国际影响力的高校或科研机构开展访学和合作研究;派出6个团队共60人赴海外科研院所开展短期访问研修。截至年底,学校具有海外经历人数占教学科研人员比例达到19%,相比2014年增长了5个百分点。晋升各级专业技术职务213人,其中正高55人,副高116人。推荐3人申报专

业技术二级岗位。

【领军人才培养】 学校不断加大对院士后备人才的培养支持力度,2015年,田军仓教授作为中国工程院院士增选有效候选人,进入第二轮评审,且为宁夏地区唯一进入此遴选环节的候选人。推荐的5名"长江学者"候选人中,1名教授进入答辩环节。获批设置自治区"特聘教授岗位"4个,专业涉及过程装备与控制工程、生态学、农业经济管理和病原微生物,均为学校优势特色学科专业。推荐78人次申报各类高层次人才称号和人才资助项目。

【人才工作载体建设】 通过各级各类人才载体建设,为高层次人才提供良好的工作岗位和业绩平台。依托现有的3个全国博士后科研流动站、11个自治区级院士工作站,以及3个自治区级人才高地,开展各类学术报告和交流活动30余场次。"草学"博士后科研流动站获批博士后科学基金一等资助1项,依托院士工作站柔性引进澳大利亚迪肯大学陈英教授、浙江大学应义斌教授、美国北卡罗来纳大学苏正昌教授为"自治区特聘专家",并计划柔性引进傅廷栋院士、缪昌文院士、钮新强院士,以及林伟英、郭庆杰、史金波、徐明岗4名国内知名专家。

离退休工作

【离退休人员党建】 加强政治理论学习,认真组织开展"守纪律讲规矩"主题教育活动和"三严三实"专题教育活动三个阶段的专题研讨。重视基层党支部组织活动和老党员走访慰问工作,定时召开组织生活会,进一步凝聚离退休党员队伍;动员组织离退休党员发挥余热,参加关工委工作,为关

心教育大学生发挥作用；组建离退休党员网络宣传队伍，宁夏大学两名党员网络宣传员受到自治区老干部局党工委表彰。

【离退休人员的政治待遇和生活待遇落实】 采取多种形式及时向广大离退休人员通报、宣传学校建设和发展情况。全年组织离退休人员参加学校、自治区党委老干部局的情况通报会、座谈会、报告会、表彰会、重大庆祝活动等23次，参加1000余人。充分利用6个离退休人员阅览室为学习阵地，征订报刊杂志36种，为离退休人员学习知识、了解信息提供了渠道。精心组织离退休老同志参观学习活动，全年学习、参观、考察和培训的离退休老同志达840余人。2015年，走访慰问、探望老同志1160人次。组织1300余名离退休人员体检。接待处理老同志来电来访640余人次，对老同志们的问题、困难积极协调解决。组织春秋季离退休人员趣味运动会，参加老同志达1600余人次。组织老年艺术团、报告团、书画社及其他社团参加自治区的各项活动比赛。在4个校区离退休人员活动室组建红歌合唱队。

【"五老"队伍作用发挥】 全年"五老报告团"为各学院和大学生作专题教育报告31场，参与学生达10000余人；"五老艺术团"联合演出12场次，观看演出学生达20000余人，深受大学生和青少年的欢迎；"五老书画社"与学院联合举办以"老少共筑中国梦"为主题的书画展和笔会3场，参加活动学生达1500余人。2015年，宁夏大学关工委被自治区关工委等八部门评为"关爱明天、普法先行"全区青少年普法教育先进单位，被中国关工委、中央精神文明办授予"全国关心下一代工作先进集体"荣誉称号。截至2015年，宁夏大学有离退休人员1430人，其中新增退休人员61人。

附：

2015 年教职工基本情况统计表

	管理人员	教学人员	科研人员	思政人员	教辅人员	附属机构人员	离退休人员	合　计 （不含离休人员）
正高级	18	388	19	3	12	2	14	442
副高级	131	572	46	15	108	14	21	886
中　级	134	367	20	55	137	32	16	745
初　级	78	55	1	42	83	19	8	278
无职称	52	2	0	0	30	165	19	249
合　计	413	1384	86	115	370	232	78	2600

2015 年专任教师职称、学历情况表

职称情况				学历情况			合　计
正高级	副高级	中　级	初　级	博　士	硕　士	本科及以下	
410	633	442	100	462	897	226	1585

2015 年专任教师年龄情况表

	35 岁以下	36~40 岁	41~45 岁	46~50 岁	51~55 岁	56~60 岁	61 岁及以上	合　计
正高级	0	7	87	102	159	54	1	410
副高级	67	226	175	75	72	18	0	633
中　级	185	143	58	25	26	5	0	442
初　级	86	9	2	2	0	1	0	100
合　计	338	385	322	204	257	78	1	1585

在职的各类专家人才

"长江学者奖励计划"特聘教授：

　　杜建录

国务院特殊津贴人员：

　　李　星　何建国　王　俊　王玉炯　田军仓　许　兴　何生虎　赵天生　李爱华　李　伟

　　周玉忠　孙兆军　杜建录　刘万毅　马玉龙　李建设　马宗保　胡玉冰　陈彦云

国家"万人计划"哲学社会科学领军人才：

　　马宗保

"百千万人才工程"一、二层次人选：

　　李　星　许　兴　田军仓　杜建录　孙兆军　马玉龙　胡玉冰

有突出贡献中青年专家：

　　何建国　胡玉冰

国家级教学名师奖：

　　王玉炯　田军仓

香港何梁何利基金科学与技术创新奖获得者：

　　田军仓

自治区政府特贴：

　　周玉忠　李　伟　杜建录　孙兆军　孔　斌　程　牧　马宗保　刘万毅　李建设　霍维洮

　　张维江　王　锋　胡玉冰　何文寿　薛　屏　俞世伟　张自萍

"百千万人才工程"三层次人选：

　　何建国　史远刚　许　兴　王玉炯　何生虎　赵天生　王燕昌　谢应忠　王　锋　王旭明

　　杨金会　王新谱　冯秀芳　彭向前　东　梅　杨国涛

自治区"塞上英才"工程：

　　田军仓　王玉炯　杜建录

自治区"海外引才百人计划"：

　　王　政　刘晓明　毛明杰　顾培明　王治文　杨秋宁　藏志勇　马保军　王海龙　罗海霞

自治区"国内引才312计划"：

　　赵天生　任　军　文　琦　赖小勇　张自萍　周学章　贾科利　张雪艳

自治区"313人才工程"：

　　蔡永贵　王　俊　谢　琴　蒋全熊　周玉忠　何文寿　王振平　孙兆军　宋乃平　霍维洮

　　张军翔　马玉龙　李　伟　高作宁　孙振玉　米文宝　李建设　刘万毅　马宗保　孙　权

　　张启敏　薛　屏　胡玉冰　张维江　彭　励　曹　兵　马红彬　蔡　超

柔性引进院士:

李　灿　张玉奎　涂永强　赵进才　蒋有绪　山　仑　傅伯杰　工　浩　茆　智　雷志栋

张建云　江　亿　王小东　钟登华　王　超　周福霖　贺　林　夏咸柱　方智远　南志标

吴常信　盖钧镒　孙大文　郑晓静　陆大道　刘昌明

柔性引进知名专家:

李枢强　黄国和　萧　伟　乔贵林　贾志宽　张福锁　苏宁虎　杨圣敏　马　戎　高永久

毛军发　鲍晓军　刘全生　郝郑平　李凤民　周　烈　陆培勇　李振中　张　宏　仲跻昆

杨言洪　薛庆国　王金淑　李保国　刘国华　陈昌和　李　彦　苏正昌　陈　英　应义斌

教育部普通高校学科教学指导委员会委员:

李　星　田军仓　王玉炯　赵　明

2015年聘请的校外专家一览表

序 号	姓 名	工作单位及职务	聘任职务
1	耿 旭	美国加州大学戴维斯分校教授	荣誉教授
2	曲晓辉	厦门大学管理学院教授	兼职教授
3	薛祖云	厦门大学会计系教授	
4	王天东	复旦大学副教授	
5	何培生	荷兰 Delft 大学教授	
6	康莹仪	南洋理工大学教授	
7	杨宜音	中国社会科学院教授	
8	赵志裕	香港中文大学教授	
9	诸 均	华中科技大学教授	
10	魏永春	中电投宁夏能源公司财务总监	客座教授
11	王春生	宁夏财政厅会计处处长	
12	王 斌	希格玛会计师事务所所长	
13	丁自明	宁夏银行副行长	
14	司建军	信永中和会计师事务所合伙人	
15	梁建勋	信永中和会计师事务所高级经理	
16	李耀忠	信永中和会计师事务所所长	
17	郝向峰	宁夏百瑞源枸杞产业发展有限公司董事长	
18	王静波	自治区国资委副主任	
19	刘卫星	银川西夏万达广场总经理	
20	闫建国	宁夏塞尚乳业有限公司董事长	
21	王彦辉	银川巴格斯葡萄酒庄(有限公司)总经理	
22	闫晓林	宁夏伊品科技公司副总裁	

2015 年晋升副高级及以上职称人员

一、高教系列

教　　授：许丽君　谢明辉　马惠萍　朱爱农　李天紫　乔　巘　马　平　纪丽芳　付　森　牛三勇
　　　　　刘进锋　马文涛　杜　方　郝　睿　汤秀芬　李　萍　杨　锐　犹　卫　张晓光　王启为
　　　　　牛东玲　孙　波　曾　瑾　苗　红　杨术明　张　波　燕宁娜　朱一丁　尹　宁　沈　晖
　　　　　江大庆　杨秋宁　邹建世　赵奋军　严　津　丁冬梅　曹伟琴　李　民　方　非　钟艳霞
　　　　　张晓天　丁生虎　文　琦　杨贵军　李德荣　顾培明　罗发亮　张淑红　马　瑜

副教授：王丽婷　崔明堂　刘振宇　马卫军　吴雪茵　贾文娟　卢红艳　郑晓英　刘丽祥　朱海燕
　　　　戴京倞　金英花　白怡康　张国颖　马丽娟　焦小刚　姜爱平　胡有婧　纳艳萍　房彦兵
　　　　刘　倩　边吉荣　纳春宁　贾艳玲　朱巧萍　刘　平　李　峰　李　波　潘　欢　凌　菁
　　　　彭　娟　毕淑娴　林克英　李建梅　林　枫　吴建波　马建龙　蔡　磊　李　武　罗玲玲
　　　　张明鑫　侯景伟　魏凡华　张　娟　康晓龙　赵洪喜　刘慧燕　范艳丽　刘贵珊　田　蕾
　　　　张银霞　梁　熠　贾　龙　吴晓丽　田　佳　唐　博　邓安强　纪　华　李宏波　任　杰
　　　　夏固萍　王炳亮　贾　巍　王惠惠　陈淑娟　茄学萍　王薇薇　孙春霞　刘　塨　朱淑娥
　　　　诸志楠　孙银东　张　艳　崔　杰　师金华　杨　娟　马亚琳　李海霞　赵雪芬　高宏娟
　　　　魏　丽　刘　续　马清祥　常　娟　任　磊　潘　坤　王婕斯　刘　莉　刘　颖

副教授(专职辅导员 2 人)：马玉玲　蔡正云

二、社科研究系列

研　究　员：陈晓芳　杨志高

三、自然科学研究系列

研　究　员：李学斌
副研究员：苏暐光　王新云　李　明(新技术中心)

四、实验系列

高级实验师：赵丽莉　杨玉英　牛　甫　崔润新　李志涛　高鹏翔　刘国庆　朱　虹

五、档案系列

副研究馆员：安　华　虎建华　卞　波　任全江　雍　莉　李　娟　张淑红

六、图资系列

副研究馆员：胡晓梅　刘　征

七、会计系列

高级会计师：李新领

八、出版系列

副　编　审：张　刚　王德平

宁夏大学年鉴2016

The Annual of Ningxia University

九、经济系列

高级经济师:白月红

十、卫生系列

主任药师:王吉军

2015年新增博士生指导教师一览表

序　号	姓　名	指导专业	备　注
1	杨圣敏	民族学	外　聘
2	李绍先	民族社会学	外　聘

2015年新增硕士生指导教师一览表

序　号	姓　名	指导专业	指导类型
1	刘　莉	宗教学	学术型
2	王根明	人类学	
3	杨文笔	民族社会学	
4	曹伟琴	马克思主义理论	
5	李九华	中国古代文学	
6	马晓玲	教育技术学	
7	张选德	应用数学	
8	郭　辉	计算机应用技术	
9	王海龙	凝聚态物理	
10	李兴财	凝聚态物理	
11	李　冰	无机化学	
12	马保军	应用化学	
13	赖小勇	应用化学	
14	李建华	地图学与地理信息系统	
15	赵多平	旅游开发规划与管理	
16	王亚娟	自然地理学	
17	展秀丽	自然地理学	
18	王幼奇	自然地理学	
19	田广星	人文地理学	
20	杨美玲	人文地理学	
21	何玉龙	生物化学与分子生物学	
22	刘任涛	生态学	
23	徐伟荣	葡萄与葡萄酒学	
24	方海田	食品科学	
25	伏兵哲	草业科学	
26	张桂杰	草业科学	

续表

序　号	姓　名	指导专业	指导类型
27	张鹏珍	中国少数民族艺术	学术型
28	马兆明	民族传统体育文化	
29	侯　昀	中国少数民族艺术	
30	郑　涛	中国少数民族艺术	
31	卯　芳	中国少数民族艺术	
32	解　兰	中国少数民族艺术	
33	高忙忙	微电子与固体电子学	
34	李海波	微电子与固体电子学	
35	曲　正	公共管理	专业型
36	杨文林	公共管理	
37	杨晓梅	公共管理	
38	周学忠	公共管理	
39	狄良川	公共管理	
40	崔　柳	会　计	
41	董晓芳	会　计	
42	虎兴武	会　计	
43	李金香	会　计	
44	陆青山	会　计	
45	袁　红	会　计	
46	袁　荣	会　计	
47	张　彤	会　计	
48	何景涛	工商管理	
49	朱丽娅	工商管理	
50	张淑萍	工商管理	
51	顾玉军	教　育	
52	杨红梅	翻　译	
53	张　鹏	计算机技术	
54	赵忠彦	化学工程	
55	马彩霞	水利工程	
56	杨秋宁	水利工程	
57	王　芳	水利工程	
58	朱　健	水利工程	
59	马海龙	水利工程	
60	燕宁娜	水利工程	
61	李金燕	水利工程	
62	佘永卫	机械工程	
63	吴心华	农业推广	
64	吴宏亮	农业推广	
65	章　中	农业推广	
66	张建国	艺　术	

The Annual of Ningxia University

【国内合作】 推进与上海交通大学对口支援工作,2015 年 6 月,两校在总结前期联合培养工作经验基础上,共同签署新一轮的《上海交通大学对口支援宁夏大学联合培养本科生专项协议》,在培养模式、学生选拔、修读要求、成绩认定等方面制定管理实施办法,进一步完善培养模式,优化培养过程;7 月,上海交通大学机动、电信等 10 个学院的分管教学、学生工作副院长、副书记赴宁夏大学,与宁夏大学对应部处、院系负责人共同研讨新的联合培养本科生工作体系,并逐一审议每个学院推选的联合培养学生情况,保障新一批联合培养生顺利到上海交通大学入学报到。在巩固与上海交通大学的对口支援工作基础上,与国内多所高校建立了良好的合作关系。2015 年 5 月,为依托厦门大学办学资源和优势,建立两校研究生培养工作交流平台,全面提升宁夏大学研究生培养管理工作质量,学校委托厦门大学研究生院与厦门大学教师教育发展中心对宁夏大学研究生管理人员进行了培训,通过培训进一步学习了厦门大学先进的办学理念及在研究生培养管理上好的经验做法,激发了对学校研究生培养管理工作的改进思路。宁夏大学经济管理学院先后派出 3 名教师前往厦门大学学习 MBA 教育管理经验,会计专业硕士获批后,又派人专门到厦门大学管理学院会计系学习有关建设经验。7 月,学校能源化工重点实验室组织有关科研人员到厦门大学参观考察,其间,到厦门大学化学化工学院、醇醚酯化工清洁生产国家工程实验室与有关科研人员进行了充分交流沟通,就下一步的双方的合作寻求切入点。根据自治区与甘肃、内蒙古、陕西签订的战略合作框架协议中有关加强省区高等教育领域交流

合作的精神,结合自身实际与需求,与兰州大学、西北农林科技大学及西安电子科技大学在开展科技、人才培养等多方面进行合作交流。自 2014 年自治区党委政府做出了宁夏大学、宁夏师范学院两校联合办学的重大决策以来,两校高度重视、积极谋划、扎实推进,联合办学的各项工作有序推进。2015 年学校 35 名教师赴宁夏师范学院承担 29 门课程的授课任务,接收宁夏师范学院 34 名本科生访学,接收宁夏师范学院 6 名教师、3 名干部来校进修挂职。同时,两校在资源共享、科研合作、学科共建、学术交流等诸多方面的合作深入推进。

【港澳台及国际合作】 拓展与港澳台地区高校的合作交流,选派 32 名学生赴台湾东海大学、铭传大学和朝阳科技大学访问学习,组织经济管理学院 17 名教师赴台湾铭传大学执行“MBA 教师暑期短期研修项目”课程。先后与美国、俄罗斯以及台湾等国家和地区的 10 所高校签订合作交流框架协议或备忘录,涉及人才培养、联合研究等不同层次和领域。葡萄酒学院、农学院相关专业 50 名学生赴美国密苏里州立大学开展“2+1+1”联合人才培养项目,两个学院 10 名教师赴此校访学,阿拉伯学院 78 名学生赴埃及苏伊士运河大学、亚历山大大学和摩洛哥哈桑一世大学实施国际化“3+1”项目,机械工程学院 28 名学生赴马来西亚博特拉大学、彭亨大学和韩国岭南大学访学,经管学院 12 名学生赴韩国又松大学访学。选派 28 名研究生赴澳大利亚纽卡斯尔大学参加创新能力培训。首次接收 17 名来自马来西亚彭亨大学的国际交换生到宁夏大学学习。全力办好迪拜大学孔子学院。迪拜大学孔子学院与国家汉办、宁夏大学合作

顺利续签第二个 5 年期。孔子学院核心课程《基础汉语教程》通过阿联酋人力资源部 MAAREF(政府人力资源培训)项目评估,将正式纳入阿联酋政府人力资源培训计划项目序列。孔子学院成为"阿联酋政府部门首选合作伙伴",合作期限为 2 年。依托迪拜大学孔子学院,提升宁夏大学和迪拜大学的合作交流内涵,选派 MBA 学生赴此校访学。全年共聘请来自亚洲、欧洲、非洲、美洲长期外国文教专家 18 名,分别承担宁夏大学外国语学院、阿拉伯学院等多个学院的教学任务;申报自治区外国专家局引智项目 21 项,已执行 19 项,邀请 45 名专家到校进行学术交流。

附：

对外合作交流基本情况表

类 别	合作交流院校
国际合作交流	美国密苏里州立大学
	南非斯泰尤波士大学
	毛里塔尼亚努瓦克肖特大学
	阿曼东方大学
	德国约旦大学
	卡塔尔大学
	埃及班哈大学
	东西伯利亚国立技术与管理大学
	纽卡斯尔大学
	约旦杰拉什大学
台湾合作交流	朝阳科技大学
	铭传大学
	环球科技大学
	东海大学
	东吴大学
国内合作交流	上海交通大学
	西北农林科技大学
	浙江大学
	厦门大学
	福建师范大学
	福州大学
	厦门理工大学
	华中科技大学
	南昌大学
	吉林大学
	中国人民大学
	北京师范大学
	南京大学
	河海大学
	兰州大学
区内合作交流	宁夏师范学院
	银川能源学院

財 务 与 审 计

The Annual of Ningxia University

财务工作

【概况】 截至 2015 年 11 月 30 日,学校实现总收入 8.7 亿元,比 2014 年同期增加 9090 万元,增长 12.3%。支出 9 亿元,比 2014 年同期增加 3.02 亿元,增长 55.76%。学校争取到中央"地方高校生均拨款奖补资金"6100 万元,争取密苏里州立大学访学专项、宁夏大学和宁夏师范学院联合办学、高等教育专项资金共 2523 万元。完成学费、住宿费等非税收入 1.63 亿元,较 2014 年增长 59.33%。严格执行 2015 年校内经费预算方案,日常经费预算收入 5.34 亿元,预算完成率 115%,预算支出 6.35 亿元,预算执行率 86%,预算资金缺口 1.01 亿元,通过"地方高校生均拨款奖补资金"等弥补,弥补完成率 102%,实现了收支平衡。压缩偿还银行贷款 697.20 万元,周转续贷 1.06 亿元,将截至 2014 年底的银行贷款 4.95 亿元,纳入全区公办高校"政府审批银行贷款贴息计划"中,2015 年争取政府贴息 1303.40 万元。

【资金管理加强】 建立银行账户对账制度,健全货币资金管理岗位责任制,实行非税收入对账制度,实施基本建设竣工财务决算制度。修订《宁夏大学政府采购管理暂行办法》,建设标准化评标厅,扩充校内专家信息库,规范招标程序,加强监督。完善财务系统信息化建设,实施财务综合系统和科研管理系统对接。做好盘活财政存量资金工作,建立统筹结转结余资金、存量资金与预算安排相结合、支出绩效考评制度。健全公务差旅审批办法,规范简化乘坐交通工具审批程序。

审计工作

【概况】 2015 年,审计工作坚持"全面审计,突出重点"的方针,累计实施基建项目和小型维修审计 73 项,报审金额 274.67 万元,审减额 5.37 万元,审减率 2%;实施重大工程全程跟踪审计 4 项,审计金额 478.54 万元,审减额 19.96 万元,审减率 4%;实施财务收支审计 2 项,审计金额 4363.1 万元;实施领导干部离任经济责任审计 1 项,审计金额 19.89 亿元。对各类合同(协议)审核把关 126 项。

附：

经费收支情况表

类　别	项　目	金额（万元）
收　入	1. 财政拨款	77,063.41
	2. 事业收入	16,264.00
	3. 其他收入	14,425.92
	合　计	107,753.33
支　出	1. 人员支出	36,072.17
	基本工资	7,041.75
	津　贴	12,220.48
	奖　金	6,680.63
	社会保障缴费	1,766.93
	绩效工资	18.44
	其　他	8,343.94
	2. 商品和服务支出	28,563.78
	办公费	453.43
	印刷费	1,505.83
	咨询费	76.70
	水电费	1,569.60
	手续费	7.13
	出国费	19.53
	邮电费	158.63
	取暖费	1,034.94
	交通费	774.02
	差旅费	2,359.65
	会议费	326.58
	培训费	2,727.42
	公务接待费	57.33
	福利费	9.30
	劳务费	3,810.49
	工会经费	304.19
	租赁费	411.32
	物业管理费	605.49
	维修费	4,336.59
	专用材料费	3,402.83
	公务用车运行维护费	358.28
	委托业务费	52.80
	其　他	4,201.68
	3. 对个人和家庭的补助支出	19,288.39
	离休费	482.19
	退休费	9,541.65

续表

类 别	项 目	金额(万元)
支 出	抚恤和生活补助	395.09
	医疗费	0.01
	购房补贴	341.84
	住房公积金	2,529.23
	采暖补贴	—
	助学金	5,351.83
	其 他	646.56
	4.基本建设支出	5,282.54
	房屋建筑物购建	5,282.54
	专用设备购置	—
	5.其他资本性支出	20,216.53
	房屋建筑物购建	1,547.47
	办公设备购置	833.57
	专用设备购置	14,193.80
	信息网络及软件购置更新	2,245.41
	大型修缮	—
	其 他	1,396.29
	6.债务利息支出	2,777.04
	国内债务付息	2,264.94
	国外债务付息	512.10
	合 计	112,200.46

审计事项基本情况表

单位:万元

被审项目	审计金额	被审项目	竣工决算价	审定结算价	审减额	增收节支	审减率(%)
领导干部任期经济责任审计	198,900	基建修缮预(决)算	274.67	269.30	5.37	5.37	1.96
财务收支审计	4363.1	重大工程项目全程跟踪审计	478.54	458.58	19.96	19.96	4.17

办 学 条 件 保 障 与 后 勤 服 务

The Annual of Ningxia University

固定资产管理工作

【清理核查】 落实自治区党委第二巡视组巡视反馈意见整改要求,对全校各类资产的账物、账账进行了全面清理核查。重点对学校固定资产中的房屋和构筑物、设备、家具、文物及陈列品、图书,无形资产中的土地、专利权、著作权、软件及对外投资等共计 12.8 亿资产进行彻底清理核查,进一步摸清了家底,厘清了问题。

【资产管理日常】 截至 2015 年 11 月 30 日,共验收入库房屋及构筑物 8 项,账目值 316.3 万元;仪器设备 7901 台/件,账目值 10710.8 万元;家具 6210 台/件,账目值 469.4 万元;无形资产(软件)120 项,账目值 1761.1 万元;校本部 D 区土地账目值 5813.8 万元;低值耐用品 4836 台/件,账目值 201.3 万元;易耗品账目值 2712.4 万元。盘亏仪器设备及家具账目值 651.6 万元。组织校内集中采购资产 3 批次,采购金额 56.4 万元。完成"一省一校"项目招标采购 4 批次,采购金额 10263.8 万元,签订合同 100 余份。

校园网络及信息化建设

【校园网管理提升】 实施网络基础设施改造与建设以及信息化应用提升建设工程。提升校园主干网的核心转发能力,增加校园网出口带宽,改善校内用户上网体验。搭建由云管理基础虚拟化架构设施及云资源组成的云计算环境。

【校园网络安全】 在各个校区的教学楼、图书馆、报告厅和室外广场等公共场所部署无线 AP,构建稳定、安全的移动教学、办公及学习的无线校园网络环境。完成统一身份认证、统一信息门户和统一数据库平台的数字化校园"三大平台"建设,基于三大平台,进行 OA、人事、研究生、科研、邮件等应用系统的建设以及相关业务系统的集成。建设以门户网站为主站、各单位网站为子站的两级网站群体系。数字化校园建设取得了进展。

文献资源建设工作

【纸质文献建设】 采购纸本图书约 8 万册。购置 29 个中外文数据库。初步建成了覆盖全校文理工农等学科、服务于教学科研、实现初步学科分析与评价的综合资源服务体系。开通试用了 50 余个各类数据库,电子图书增加到 137 万册。推进宁夏大学机构知识库建设,收集纸质学位论文 683 册,审核电子版学位论文 662 份,累计收集学位论文近 6000 册;补充教师著作出版信息 200 余条,教师著作累计超过 700 册。

【学生信息素养教育与读者培训】 编制新生入校指南电子书,帮助学生全面了解数字化资源及纸质文献储备。为师生举办多场信息服务教育讲座培训,解读国内外文献资源体系及数据库的使用。举办以"阅读伴我成长"为主题的读者座谈会,邀请师生代表围绕资源建设、读者服务等问题展开讨论交流。

【文献传递与馆际互借服务】 充分利用馆际互借和电子文献远程传递丰富校内图书资源。与兰州大学联合开展教师成果查收查引工作,共完成查收查引报告 27 份,查证论文 96 篇。加强对学科建设的服务工作,追踪重大科研课题,建立专业图书

资料室。充分发挥重要数据库平台 Science Citation Index, Engineering Index 和 Conference Proceedings Citation Index 的作用，历时半年，对 2005—2015 十年师生发表的全部 912 篇 SCI 论文及 2010—2015 五年的其他文献进行学科分析，完成了《2010—2014 年宁夏大学学科分析报告》。

档案工作

【概况】 加强档案制度建设，制定《宁夏大学档案工作岗位职责规范》。2015 年，接收人事各类档案 3100 余份、学籍材料 68 份、其他材料 100 余份。收集工作文书档案 38 盒 800 余件、外事档案 7 盒 17 件、出版物 30 余册、教学档案 3000 余份、声像档案 30G、财务档案 205 盒、凭证 1400 余册、人物档案 25 盒，数据信息总量达 10000 余条。全年档案利用 1100 余人次，查阅 8000 余卷次，复印档案资料 19000 余张。利用中西部高校"一省一校"建设项目资金，对查阅利用率高的学籍档案进行扫描，方便学籍查寻。2015 年，学校被评为区直单位档案工作年检优秀单位。

【网上虚拟校史馆】 积极征集档案史料，共征集近 20 万字珍贵的校史资料和大量图表、图片。

期刊工作

【概况】 2015 年，共收稿件 2415 件，出版期刊 18 期，编发稿件 501 件，共计 498 万字。所发论文多篇被《新华文摘》《中国人民大学报刊复印资料》《全国报刊索引·社会科学版》等复印、转载、摘编、索引，被中国核心期刊（遴选）数据库和中国社会科学期刊精品数据库收录。

【期刊学术影响力提升】 2015 年，在新闻出版广电总局组织开展的学术期刊认定工作中，《宁夏大学学报（人文社会科学版）》《宁夏大学学报（自然科学版）》《宁夏工程技术》和《农业科学研究》首批获得认定。期刊的学术影响力进一步提高，4 种学术期刊入选 2015 年《中国学术期刊（光盘版）》《中国学术期刊影响因子年报》统计源期刊。《宁夏大学学报（人文社会科学版）》被自治区新闻出版广电局确定为宁夏传统出版单位数字化转型示范单位。被中国人文社会科学综合评价指标体系 AMI 评定为扩展期刊。《宁夏大学学报（自然科学版）》继续被 RCCSE 中国核心期刊、中国科技核心期刊收录。

基建、后勤保障及师生生活服务工作

【校园路灯改造项目】 改造安装各类灯具 846 盏，晚间校园亮化不足的状况得到了彻底改变。

【维修改造工程】 共实施维修改造工程 130 项，对三个校区 30000 余平方米的运动场地，按照现代化体育场地标准进行了全面改造；建设标准化的国防生训练场地；开展校园环境大整治，对校园小径、停车场等进行集中修整；对 6 栋学生公寓、5 个学生食堂进行粉刷维修；对怀远校区现代教育中心楼、计算机中心楼、8# 学生公寓等多个项目实施了节能改造；对普通教室改造升级，建成多媒体教室，所有教室安装 IP 广播系统；通过多方协调和争取，将南校区开发建设项目纳入银川市旧城改造项目，基本完成了各类手续的报批审核工作；科技楼、公共租赁房投入使用。

附:

固定资产(设备、家具)购置入库、报废一览表

单位:台(件),万元

时间 分类			截至 2014 年底(A)		2015 年购置入库(B)		2015 年报废下账(C)		截至 2015 年底(D)	
			数量	金额	数量	金额	数量	金额	数量	金额
仪器设备	专用设备	5 万元以上	871	15899.99	371	6667.87			1203	21842.95
		其他	23422	15205.47	7338	4718.97			30542	19668.66
		小计	24293	31105.46	7709	11386.84	1106	1484.46	31745	41511.61
	一般设备		10355	10544.23	524	525.87			10030	10566.33
	合计		34648	41649.69	8233	11912.71			41775	52077.94
家具			150396	5224.18	7775	533.49	8842	206.39	149329	5551.28
总计			185044	46873.87	16008	12446.20	9948	1690.85	191104	57629.22
备注			1.专用设备指用于教学科研的设备,专用设备单价≥1500 元,一般设备单价≥1000 元 2.(D)栏=(A)栏+(B)栏-(C)栏或+(-)其他 3.表中数据不含基建、后勤集团独立核算部分							

低值品购置入库一览表

单位:台(件),万元

截至 2014 年底		2015 年购置入库		2015 年报减报废或随机调出		截至 2015 年底	
数量	金额	数量	金额	数量	金额	数量	金额
50720	1883.81	6947	292.20	537	39.64	57130	2136.38

2015 年全校图书资料形成固定资产一览表

单位	中、外文图书			中、外文期刊合订本			其他(光盘)			合计		
	数量 (册)	码洋 (万元)	实洋 (万元)	数量 (册)	码洋 (万元)	实洋 (万元)	数量 (盘)	码洋 (万元)	实洋 (万元)	数量	码洋 (万元)	实洋 (万元)
图书馆	125318	835.3	668.8	1491	12.1	12.1	0	0	0	126809	847.5	680.9
政法学院	5529	38.1	27.7	0	0	0	88	1.4	1.4	5617	39.4	29.1
人文学院	2017	19.6	19.5	501	2.6	2.6	0	0	0	2518	22.2	22.1
外国语学院	210	0.8	0.6	0	0	0	0	0	0	210	0.8	0.6
数计学院	1508	7.7	7.7	593	6.3	6.3	0	0	0	2101	13.9	13.9
物电学院	110	0.5	0.5	0	0	0	0	0	0	110	0.5	0.5
化工学院	96	0.4	0.4	0	0	0	0	0	0	96	0.4	0.4
经管学院	88	1.3	1.2	0	0	0	0	0	0	88	1.3	1.2
资环学院	0	0	0	154	1.5	1.5	0	0	0	154	1.5	1.5
体育学院	82	0.4	0.4	0	0	0	0	0	0	82	0.4	0.4
马克思主义学院	1321	6.7	6.3	136	1.1	1.1	175	21.5	21.5	1632	29.3	28.9
土水学院	17	0.3	0.3	298	2.2	2.2	0	0	0	315	2.5	2.5

续表

单　位	中、外文图书			中、外文期刊合订本			其他(光盘)			合　计		
	数量(册)	码洋(万元)	实洋(万元)	数量(册)	码洋(万元)	实洋(万元)	数量(盘)	码洋(万元)	实洋(万元)	数量	码洋(万元)	实洋(万元)
西夏学研究院	1455	16.2	12.1	28	0.2	0.2	0	0	0	1483	16.4	12.2
回族研究院	2517	16.6	12.6	0	0	0	0	0	0	2517	16.6	12.6
期刊中心	3	0.2	0.2	0	0	0	0	0	0	3	0.2	0.2
机械学院	20	0.7	0.7	0	0	0	0	0	0	20	0.7	0.7
教育学院	100	0.5	0.5	0	0	0	0	0	0	100	0.5	0.5
预科学院	366	1.1	1.1	0	0	0	0	0	0	366	1.1	1.1
美术学院	278	7.2	7.2	0	0	0	0	0	0	278	7.2	7.2
生命科学学院	486	1.6	1.6	6	0.08	0.08	0	0	0	492	1.7	1.6
研究生院	10192	77.8	58.1	0	0	0	0	0	0	10192	77.8	58.1
档案馆	6	0.2	0.1	0	0	0	0	0	0	6	0.2	0.1
学生处	132	0.6	0.6	0	0	0	0	0	0	132	0.6	0.6
西部发展研究中心	3831	20.5	14.1	0	0	0	0	0	0	3831	20.5	14.1
阿拉伯学院	655	2.4	2.4	0	0	0	0	0	0	655	2.4	2.4
国防教育中心	189	1.7	1.7	0	0	0	0	0	0	189	1.7	1.7
生态中心	59	0.3	0.3	0	0	0	0	0	0	59	0.3	0.3
纪检委	118	0.3	0.3	0	0	0	74	0.6	0.6	192	0.9	0.9
新闻传播学院	425	1.6	1.6	0	0	0	0	0	0	425	1.6	1.6
国际教育学院	10225	91.6	66.2	0	0	0	0	0	0	10225	91.6	66.2
能源化工实验室	2	0.1	0.1	0	0	0	0	0	0	2	0.1	0.1
农学院	148	1.6	1.6	0	0	0	0	0	0	148	1.6	1.6
音乐学院	103	0.8	0.8	0	0	0	0	0	0	103	0.8	0.8
中日联合研究所	27	0.2	0.2	0	0	0	0	0	0	27	0.2	0.2
西北社会研究中心	60	0.3	0.3	0	0	0	0	0	0	60	0.3	0.3
其　他	22	0.3	0.3	0	0	0	0	0	0	22	0.3	0.3
合　计	167715	11555	918.1	3207	26.1	26.1	337	23.5	23.5	171259	1205	967.4

表 彰 奖 励

The Annual of Ningxia University

国家及自治区表彰奖励情况

一、学校

1. 2015 年度全国毕业生就业典型经验高校

2. 全区青少年普法教育先进单位

3. 全区教育系统培育和践行社会主义核心价值观校园文化建设示范单位

4. 2015 年度区直单位档案工作年检优秀单位

5. 全区思想政治工作调研组织奖

二、部门

1. 全国十佳创业俱乐部:宁夏大学 KAB 创业俱乐部

2. 全国大学生心理健康教育工作优秀机构:大学生心理健康教育咨询指导中心

3. 全国关工委先进集体:校关工委

4. 民进全国社会服务工作先进集体:民进宁夏大学委员会

5. 农工党中央先进基层组织:农工党宁夏大学总支

6. 九三学社区委会先进基层组织:九三学社宁夏大学委员会

7. 自治区优秀期刊:《宁夏大学学报(人文社会科学版)》《宁夏大学学报(自然科学版)》《农业科学研究》

8. 宁夏赴宁研究生支教团先进集体:宁夏大学第十二届研究生支教团

三、教职工及学生

1. 中国宪法学发展终身成就奖:吴家麟

2. 2015 年全国新媒体优秀指导教师:武林波、陈建丽

3. 自治区先进工作者:蒋全熊

4. 自治区最美教师:吴晓红

5. 第二届宁夏民族团结进步模范人物:马宗保

6. 九三学社区委会优秀社员:杨国华、肖国举、马文彬、东　梅

7. 第七届全国高校辅导员年度人物提名奖:余　洁

四、教师及学生部分竞赛获奖情况

1. 第四届全国高校辅导员职业能力大赛第三赛区比赛:二等奖:王娜;三等奖:刘梦琼

2. "外教社杯"全国外语教学大赛宁夏赛区决赛:一等奖:张燕萍;二等奖:田莎;三等奖:金丽华、孟丽

3. 2015 年全区大学生企业资源计划大赛:第一名:新华学院学生张琪、张奕玮、张双凤;第二名:新华学院学生唐玮、张焕换、毕奔

4. 全国第四届化学数字化实验教学设计大赛：一等奖:"手持技术探究 84 消毒液漂白性的实质和影响因素"(化工学院吴晓红、杨文远指导,任斌等学生设计);二等奖:"手持技术探究二氧化碳

与温室效应的受控关系"(化工学院吴晓红、杨文远指导,肖敏等学生设计)

5. 全国第四届大学生艺术展演:艺术表演类声乐节目金奖、优秀创作奖:合唱《时间都去哪了》《那坨坨》(音乐学院选送);舞蹈专业组金奖:群舞《花儿与少年随想》(音乐学院选送);绘画专业组二等奖:《平凡》(新华学院学生边静);艺术教育科研论文二等奖:赵利宁,三等奖:马树华

6. 全区高校原创微视频大赛:最佳创意奖,新闻传播学院马振华等学生主创的《助学筑梦》;最具希望奖:新闻传播学院徐升等学生主创的《追梦赤子心》、余银等学生主创的《追梦》

7. 第六届全国高等院校企业竞争模拟大赛一等奖:经济管理学院学生霍方堃、麻保慧、杨明亮组成的代表队

8. 第十一届"博创杯"全国大学生嵌入式设计大赛西北赛区特等奖:"基于嵌入式物联网的菜肴自售机"(新华学院学生赵承珍、李运舵、惠雅丽设计)

9. 2015年全国大学生英语竞赛特等奖:葡萄酒学院学生席晓敏

10. 2015年中国技能大赛宁夏品酒师(葡萄酒)职业技能竞赛二等奖:葡萄酒学院学生王洪睿

11. 2014年度全国优秀古籍图书奖二等奖:《西夏书校补》(胡玉冰著)、《俄藏黑水城汉文文献词汇研究》(蔡永贵著)

12. 全国第十届书学讨论会论文最高奖:《宋代心画书学观念的演变》(杨开飞)

13. 2015中国机器人大赛RoboCup@home舞蹈机器人(自创多足异性)比赛二等奖:新华学院赵承珍、李勇宏等学生组成的越众代表队

14. 第六届中国大学生服务外包创新创业大赛全国总决赛三等奖:"基于微信的教学管理平台"(新华学院学生孔维宇、邢泽斌、耿伟、赵增祥、朱明宽设计)

15. 2015年中国大学生计算机设计大赛:软件服务外包类二等奖:"基于人机交互技术的多旋翼飞行器控制"(物电学院学生张凯歌、王杜涛、许华栋);网站设计类二等奖:"宁夏旅游网"(物电学院学生王云鹏、贾鹏旭、许聪聪)

16. 第十三届中国西部民歌(花儿)歌会:金奖:新华学院教师贾述道;优秀奖:新华学院学生陈小珍

17. 2015美国大学生数学建模竞赛(MCM/ICM)Honorable Mentions奖:数计学院房彦兵指导,学生曹健鹏、宋艳丽、李鹏组成的参赛队

18. 首届全国高校数学微课程教学设计竞赛:全国决赛一等奖:李风军;西北赛区一等奖:王燕

19. 第十一届全国大学生"新道杯"沙盘模拟经营大赛二等奖:经管学院学生王林、樊鸿钰、刘博、韩志成、麻保慧

20. 第五届全国化学教育硕士教学技能大赛:优秀指导教师:化工学院吴晓红;一等奖:化工学院学生任斌、黄金莎、肖敏、陈有鑫

21. "学创杯"2015全国大学生创业综合模拟大赛二等奖:新华学院学生毕奔、张琪、马帅

22. 2015年全国高校生命科学类微课教学比赛教学风采奖:杨易

23. 第十四届"挑战杯"全国大学生课外学术科技作品竞赛三等奖:"宁夏'企业商标奖励'财政支出项目绩效评价报告"(经管学院张会萍指导,胡小云、霍文娟、刘如、吴敏等学生完成)、"基于机

器视觉的枸杞检测分级系统"(物电学院张冬指导,弋伟国、马建华、褚雪松、张加强等学生完成)、"水泥粉煤灰固化超盐渍土的力学性能试验研究"(土水学院李宏波指导,陈文兵、吴振华、猴晓飞、陈德迪、龙倩、刘生雨、李欢等学生完成)

24.第十三届"理律杯"全国高校模拟法庭竞赛:八强:政法学院学生夏伯琛、马丽君、郑涵、许嘉迪、王淼、高宪、曾一鑫、于佳佳组成的代表队;优秀辩手奖:夏伯琛

2015 年宝钢教育奖宁夏大学获奖人员

优秀教师奖:吴晓红　党锐峰　马红彬

优秀学生奖:吴振华(土水学院)　闫　畅(资环学院)　王正康(物电学院)　欧逸梅(人文学院)

　　　　　　陈科元(西部生态与生物资源开发联合研究中心)

宁夏大学 2015 年教学质量奖获奖人员

人文学院:魏　兰　李淑兰　黄学军　张　詠　王　静

新闻传播学院:谢明辉　屠凤娥

政法学院:马拥军　尹　强　张　驰　曲　正　胡晓莉

外语学院:田　莎　文　莉　马　真　崔沫舒　季春燕　郭晓燕　闻　晖　朱　洁

阿拉伯学院:丁　萍

经管学院:房萌萌　马晓云　张　彤　虎兴武　高桂英　张淑萍

数计学院:王咏梅　许秋燕　刘　锐　田　耕　许新忠　李风军　王怀柱　袁怀民

物电学院:宋丽亚　曹雨生　秦君琴　宋　娟　车　进　剡文杰　秦飞舟

化工学院:李学强　田晓燕　蔡　超　陈学文　林　枫　张晓光

生科学院:苏建宇　杨　易　王　盛　徐　明　张大治

资环学院:米文宝　李陇堂　朱志玲

农学院:沈　艳　顾亚玲　贾　彪　葛志军　梁　熠　邵佩兰　史　娟　李映龙　李　想

机械学院:杨术明　张　波　刘　晶　朱学军　纪　华

土水学院:尹　娟　张晓华　王　芳　王　斌　燕宁娜　车佳玲

教育学院:马　丽　陈　琼　周燕萍　崔　淼

体育学院:咸云龙　赵奋军　安森蕊　沙彦茹

音乐学院:程　牧　吴丽霞　张建国

美术学院:卯　芳　付时文　周胤君

马克思主义学院:马　越　钱黎勤　孙银东

预科学院:马海龙　杨东梅　赵　谨　张晓云

新华学院:任　杰　吴继军

宁夏大学第九届教学优秀奖获奖人员

人文学院:刘鸿雁　赵　红　白晓荣　张富宝　刘　莉　王　磊

新闻传播学院:顾广欣　高　燕

政法学院:王雪梅　安　翔　滕海滨　郭春霞　胡世恩

外语学院:刘　燕　张燕萍　贺海霞　孟　丽　王奕文　贾文娟　刘艳芬　李　玲

阿拉伯学院:周丽娅

经管学院:杨彩玲　马生元　夏淑琴　王仲梅　冯　蛟　倪小莉

数计学院:魏立力　刘立波　韩惠丽　胡　华　王怀柱　房彦兵　杨绍华　李风军

物电学院:孙学宏　秦飞舟　曾建成　朱瑜红　杨国华　李春树　李　萍

化工学院:吴晓红　李　平　倪　刚　李　冰　韩晓霞　麻晓霞

生科学院:魏智清　梁新华　赵　辉　杨　易

资环学院:刘小鹏　杨　蓉　陈红翔

农　学院:唐　燕　宋丽华　王新谱　许立华　王西娜　徐晓锋　代晓华　杨恕玲

机械学院:朱学军　邵金龙　李宏燕　金奇志　郑来运

土水学院:杨建森　唐　莲　郭少春　张学科　张卫兵　白俊英

教育学院:郝振君　丁凤琴　王安全　马志颖

体育学院:王　飒　诸志楠　高　涛　孔德银

音乐学院:马浩谦　马静风　闫　楠

美术学院:解　兰　朱淑娥　孙春霞

马克思主义学院:白宁芳　马　越　钱容德

预科学院:霍　侠　刘　颖　马　瑜　祁莉霞

新华学院:魏　丽　赵红玲

宁夏大学第九届青年教师教学优秀奖获奖人员

新闻传播学院:于鹏亮　　　　　　　　　生科学院:纳小凡　　岳艳丽

政法学院:刘振宇　江兆涛　　　　　　　机械学院:张佃平　李耀南

外语学院:王　朝　　　　　　　　　　　教育学院:焦岩岩

经管学院:仇娟东　　　　　　　　　　　体育学院:张志荣　彭飞翔

物电学院:潘　欢　　　　　　　　　　　预科学院:王丽宏

化工学院:任永胜　彭　娟

宁夏大学 2015 年优秀研究生指导教师

吕耀军　唐　芳　杨韶艳　梁向明　温　丽　蔡永贵　高石钢　丁凤琴　刘　明　徐芝芳
杨开飞　胡笑瑛　段玉泉　韩惠丽　吴素萍　马　瑜　陈焕铭　吴晓红　苗　红　刘晓明
璩向宁　朱学军　杨文伟　周玉香　刘　萍　赵智宏　郝振君　贾文娟　汤全武　蔡　超
丁文捷　崔自治　刘敦华

宁夏大学 2015 届本科毕业论文(设计)优秀指导教师

人文学院:范文艳　王　帆　霍维洮

新闻传播学院:邬志斌

政法学院:李德宽　王雪梅　郭春霞　刘振宇

外语学院:金丽华　洪春梅

阿拉伯学院:周丽娅

经管学院:虎兴武　袁　荣　马丽娟　张锦文　王仲梅　马生元

数计学院:魏立力　刘国军　吴素萍　汤效琴

物电学院:蔺金元　杨国华　孟一飞　马　治

化工学院:任永胜　蔡　超　毕淑娴　陈小燕

生科学院:郑国琦　周学章

资环学院:侯　迎　郭占军

农　学　院:李建设　王桂琴　邵佩兰　吴　娜

机械学院:邵金龙　蔡克霞　杨树川　谷凤民

土水学院:马　波　车佳玲　刘海峰　夏国平　夏固萍

教育学院:丁凤琴　陈　琼

体育学院:徐芝芳

音乐学院:沈　洋　王　楠

美术学院:解　兰　陶雪莲

宁夏大学第六届青年教师教学基本功大赛获奖人员及单位

一等奖:仇娟东　麻晓霞

二等奖:马浩谦　贺海霞　马良财　王　彬

三等奖:于鹏亮　刘　姝　张富宝　李宏燕　杨　易　杨　蓉

优秀奖:房丽婷　焦岩岩　杨少青　周丽娅　胡晓莉　林雅琴　刘国军　张尚荣

优秀组织奖:化工学院　经管学院　农学院　生科学院　机械学院　资环学院　人文学院　物电学院
　　　　　新闻传播学院　外语学院

宁夏大学 2015 年度研究生国家奖学金获奖学生

田养邑　李胜连　赵雪芬　刘呈琦　沈　薇　官菊芳　张　宁　虎云函　赵　丽　王子文

罗　芳　李晓丽　吴　庆　王婉娇　龚　媛　王章训　张云会　徐苏萌　孙小倩　刘金凤

丁佳楠　潘　军　马　婧　李鹏柱　程　伟　付　杰　郑小军　周伟红　李培凤　王双双

李　丹　封晨洁　席丽莹　马玉娟　弋伟国　刘　洋　李善鹏　殷跃飞　白韶璞　宋永永

赵　宁　马　婷　李玉峰　田　辉　贺璐璐　杨亮星　赵旭东　苟晓玲

宁夏大学 2014—2015 学年国家奖学金获奖学生

吕贝贝　李杨希　马丽君　刘思羽　贺晓婷　李　欢　贾时雨　苗晋宁　姜　程　张千叶

马小琴　王　妍　娄尘哲　肖寓芳　祝广健　武　萌　白　淼　邱玲姝　马　芳　单帅帅

马　卉　唐玲玲　周浩然　刘　毅　薛　旭　王　鑫　李亚蒙　牛孜清　张梦宇　宓淑娜

毛湛睿　海　珍　仇雨薇　崔文斌　席晓敏　云　静　马晓霞

宁夏大学 2014—2015 学年国家励志奖学金获奖学生

人文学院：

刘思静　任　华　刘　叶　任　静　鲜少洁　鲍　月　田兴君　张迎朝　包　栓　杨　双
杨小燕　张淑娜　徐　佳　王　芮　李梦琪　武学颖　李　甜　张梦鑫　林　薇　何庭勇
熊艳红　陈　娜　蒋登雨　蔡霁月　余　跃　王　玲　杨佳瑶　王　鑫　张晓慧　张　引
张忠欢

新闻传播学院：

李宇阳　张金凤　田春野　白雪敏　郑　爽　贾文德　赵义凡　丁　悦　左　曼　程　欣

政法学院：

王元飞　许嘉迪　张吉丽　马　玲　张莉敏　王晓云　陈　秀　陈跃余　金　琴　胡　雪
李远芳　罗梦菲　季秋风　李艳玲　李青霞　曾一鑫　桑小娟　刘　洋　孔忠愿　陶亚梅
刘维雄　王　蓓　马珍丽　崔婷婷　范玉凤　王清萍　黄明佳　王　旋　王　芬　毛润楠
穆永忠　冯瑞芝　王亚亚　郑永春　李树军

外语学院：

杨亦铭　马千云　许舒炀　祁　奇　王厚琛　方月梅　李明明　刘松彦　陈思雨　阴玉萌
刘　璐　杨　婷　刘淑君　苏　玥　陈玮怡　唐格格　丁学聪　杨　宏　周梦楠　阮晓红
赵萌萌　魏永丽　贾翠翠　王丽娜　张若琪　李思淇

阿拉伯语学院：

田润芝　董佳慧　马帆娟　刘丛萱　林　辉　张桂枝　杨　菁　李甜甜　杨迎英　李　颖
马　彦　张　天

经管学院：

李　娟　贺彩艳　白艳颖　王　雪　何晓荣　师文杰　王小燕　买　玲　黑桂花　闵　玉
许盼盼　杨明亮　褚盈盈　马晓静　杨佰倩　郝慧敏　徐　婷　闫晓梅　苗　迪　于　斐
叶　娜　陈　静　张鹏龙　孙婷婷　佟　玲　马　娜　李　雪　王　林　汪　丽　张　稳
田　玲　马慧玲　樊鸿钰　侯亚雅　海东梅　麻保慧　轩　冉　王　燕　潘怡冰　王素萍
李　蓉　郑　琴　豆中文　刘红燕　杜　红　崔璐璐　成　通　哈文静　杨　静　杨梦君
谢　炯　郭建国　胡佳欣　王　艳　罗秀婷　顾海迪　王雪菲　安　倩　黄术英　袁宗晶
吴书华　毛彦魁　辛学兰

数计学院：

余风兰　罗晓燕　胡晓凤　秦　敏　赵　瑞　武乐义　马丽花　马金霞　顾小娟　周　乐
何　芳　郑章海　王春晓　谢　倩　严　佳　孟　凯　陈海英　虎金芳　赵　琦　李　钰
于　帆　王　锋　马义梅　马　燕　郭　娇　田小娟　石潇雨　张媛媛　黄　艳　朱海清

房晓慧　张瑜玲　孙立明　张浩浩　李慧州　冯　明　赵永强　马　琴　董学民

物电学院：

杨　燕　谷梦玥　应　琪　吕泱宇　李金庚　郭　童　伏娜娜　朱　恺　胡桢麟　向自林
杨小梅　胡　越　孙　爱　张　娟　许聪聪　胡加斌　郭　敏　郭　露　李英慧　王　丽
丁玉成　郑苗苗　汤丽丹　陈　学　张雨华　邓雅倩　颜　交　康志花　王宇琴　苏长江
李施信　闫妮娜　韩　梅　任瑞博　肖佳利　李　强　秦启普　田富燕　宋奇奇　韩雨佳
刘丽丽　齐志颖　董伟钢　马　莉　朱苗苗　古彦龙　李心可　谢琪超　尹俭芳　黄　达
刘晓洁　马月美

化工学院：

董　鹏　王国雄　周文鑫　周　娜　杨峰涛　韩　乐　马慧军　上官剑钦　杨立琴　郭婷婷
喻凯莉　廉　慧　李　强　郑宏伟　赵阿龙　陈思霞　康祝乾　刘　杨　闵　璐　刘　宁
刘　晓　周艳娟　柯　桢　刘瑞静　蒲　涛　潘兰兰　孙秋影　张　晶　魏　瑞　陈诗卉
杨　玲　贺小鸭　姚　旭　段一菲　杨　杰　吴玥暐　李聪儿　徐　嫚　马建琴　李俊伯
苏梦瑶　张云敬　熊芳芳　李　言

生科学院：

王　晶　马红霞　蒋清安　施　琪　路国栋　姬玉芳　张　琦　邓　茜　尤学红　董佩佩
张　化　华剑锋　李　玉　魏雪宁　任随缘　席云凤　董曙馨

资环学院：

周桂园　葛豫龙　董院玲　焦继辉　张明慧　罗永娜　康扬眉　刘巨峰　石米米　王　英
康　芳　轩欢欢　马思雨　李诗垚　王　可　邵　议　李素芳　杜　玮　李　萌　罗非凡
杜毅贤　柳会会　杨　奎　张丽霞

农学院：

杨　波　王　鑫　万佳颖　苗　润　张萌萌　徐凤玲　李艺凡　陈　辉　孟雪梅　李正鹏
鲁　苗　曹　震　陈　磊　徐广亚　陈　燕　陈香来　王　婧　冯小芳　常佳伟　段　倩
祁调文　杨小兰　杨　壹　施苏丽　李　娟　张晓丽　程春辉　刘媛媛　马　燕　赵凤苹
杜红霞　李雪如　张　娜　倪　晶　王小菊　周世虎　杨亚亚　连亚妮　孔维康　闫　丽
林　薇　王丽萍　蒋慧霞　高　磊　周　玉　田健霞　禹文杰

葡萄酒学院：

冯家琪　张　众　唐香琴　王　燕　于佳丽　谢　芳　吴　楠　吕　克　李佳幸　杨子青
王自珍　贾　茵　赵梦雪　王淑璐　张瑛圆　安　静

机械学院：

郑　伟　李　龙　李向茹　唐兴飞　贺丽琳　李凤元　田进忠　周鹏鸿　马海波　张叶娟
谢永芳　朱传琪　胡阿龙　柏　慧　马　花　康旭辉　母文豪　王艳茹　白佳喜　徐敏航
赵　静　曹　婷　符芳源　史康乐　卫　卓　王文华　赵亮明　杨亚杰　王　强　黄　鑫

惠荣荣　魏威威　杨嘉俊　岳　磊　兰软格　袁恒君　李中琦　陈世雄　于亚龙　周　宁
张正中　董涵域　张朝阳　李嘉婧　陈　晨　常　娜　马万保　侯齐齐　李重文　高诏诏
薛君蕊

土水学院：

杨盟盛　杜亚男　李　琳　于冠达　周　花　马瑞英　徐宁宁　潘鑫波　王博群　方正东
杨召刚　马　荣　黄登楚　高　晨　屈　甜　何　璐　赵　静　吴　悦　温雪梅　陈小琴
陈　俐　柳双环　王艳琴　甄　飞　郭虹位　石　皓　曾圳杰　朱　冬　陈优阳　孟松松
赵昌建　韩保平　马　震　谭一品　丁　丽　燕妤凡　曹宇童　张十妹　范　乐　苏振娟
王　庆　符芳兵　马利军　习文康　李佳文　吴　滨　杨思禹　曲高强　刘　文　柳雅洁
代诗蕊　彭小英　杨　兰　常　轩　杨　霞　张耀芳　顾小清　何　虹　刘　娟　马　丽
赵珮茹　刘凯丽　许阳东

教育学院：

陈小鹏　郑　倩　杨雪楠　王　茜　唐　玏　周　倩　吴海燕　张　辞　陈　虎　陈雪英
罗　寓　崔青俊　张　慧　尚　琦　包小红　秦　凤　刘嘉琪　颜　伟　张　薇　李　苗
姬雅静　吴莉婷　王乐意

体育学院：

郭　浩　肖海峡　朱佳丽　刘　伟　迟青瑞　白冰钬　连　荣　刘　亚　万小娟　隋凤娟
龙晓慧　丁　腾　杨　杰　韩朝一　吴杨敏　周晓森　张　祥　魏　涌　张　澜　唐陆陆
王　静

音乐学院：

朱习华　马苗苗　陆小桐　陈玫燕　赵雄雄　秦　毓　王怡轩　赵　茜　李思旸　樊　敏
任鹏旭　李　响　邢　娜　杜佳欣　王梦宇　卞　卡　赵　颖　陆　玥　董思宇　王淑雅
唐　伟　裴林桃　李宇璠　许严方

美术学院：

马晓睿　曹鑫佳　王志力　刘宇心　卫　瑶　管　静　刘　薪　刘旭琛　张亚丽　朱　凡
武嘉文　牛亚能　李建荣　孟静静　王亿伦　王梅梅　雷钰萍　张富坤　仲姜珊　刘　朋
解邦辉　吕燕妮　苗旭东　李媛媛　吴　博　李慧芳　肖　麒　于园园

中卫校区：

黄龙龙　张娜娜　邵彦伦　张　琦　纪嘉伟　申明珠　胡颜德　潘晓冬　王　乐　田海萍
胡佩瑶　杜鹏程　陈文静　刘文奇　佟锦叶　郑惠浩　周桂芳　白　荟　孙　筱

国际教育学院：

肖　雅　杨旭坤　胡昊楠　战飞宇　金　敏

宁夏大学 2014—2015 学年先进班集体

人文学院：2013 级旅游管理班　2013 级汉语言文学文秘班　2014 级汉语言文学(师范)(1)班

新闻传播学院：2013 级新闻班

政法学院：2013 级法学(2)班　2013 级思想政治教育(师范)班　2014 级法学(1)班
2014 级思想政治教育(师范)(2)班

外语学院：2013 级英语(2)班　2013 级英语(师范)(2)班　2014 级英语(1)班
2014 级英语(师范)(2)班

阿拉伯学院：2013 级阿拉伯语(2)班　2014 级阿拉伯语(3)班

经管学院：2012 级会计学(1)班　2012 级市场营销班　2013 级管理信息类(1)班
2013 级经济学(2)班　2014 级经济学(1)班　2014 级经济学(2)班

数计学院：2012 级数学与应用数学班　2013 级计算机科学与技术(师范)班
2013 级数学与应用数学(师范)(1)班　2014 级数学与应用数学(师范)(2)班

物电学院：2012 级网络工程班　2013 级电气工程及其自动化(3)班　2013 级网络工程班
2014 级通信工程(1)班　2014 级电气工程及其自动化(1)班

化工学院：2012 级化学工程与工艺(1)班　2013 级化学(师范)班　2013 级化学工程与工艺(2)班
2014 级化学(教师教育)班　2014 级化学工程与工艺(1)班

生科学院：2013 级生物技术(1)班　2013 级生物科学(师范)班

资环学院：2013 级房地产开发与管理班

农　学　院：2012 级农学班　2012 级农业资源与环境班　2013 级林学班　2013 级食品科学与工程班
2014 级农业科学类(1)班　2014 级食品科学与工程(2)班

葡萄酒学院：2013 级葡萄与葡萄酒酿造工程(1)班　2014 级葡萄酒营销(2)班

机械学院：2012 级机械工程及自动化(2)班　2013 级过程装备与控制工程(1)班
2014 级机械工程(2)班　2014 级机械工程(3)班

土水学院：2013 级工程管理班　2013 级土木水利与交通工程类(3)班　2014 级建筑学班
2014 级水利水电班　2014 级土木工程(1)班

教育学院：2013 级小学教育(科学综合方向)(师范)班　2014 级教育技术学班

体育学院：2013 级运动训练(2)班　2014 级体育教育(2)班

音乐学院：2013 级舞蹈学班　2014 级音乐学(2)班

美术学院：2012 级美术学(国画)(1)班　2013 级环境设计(1)班　2013 级视觉传达设计(2)班
2014 级美术学(国画)(1)班　2014 级美术学(油画)(1)班

国际教育学院：2013 级工商管理 SQA HND 国际班　2014 级会计学 SQA HND 国际项目方向(1)班

中卫校区：2014 级旅游管理(1)班　2014 级电子商务(1)班

宁夏大学 2014—2015 学年三好学生

人文学院:颜孟雅　于经纬　张迎朝　马　鹏　杨　双　杨小燕　马婉春　周　娜　张冰玲　李　甜
　　　　　王漫玲　李正勤　马倩英　罗娜娜　冉冬珍　杨　佳　马生龙　韩　璐　徐　佳　杨佩芬
　　　　　熊艳红　何庭勇　谭　铖　王　念　刘　叶　马佩仪　罗海荣　谢书磊

新闻传播学院:张兆福　杨慧超　云　静　张　悦　贾文德　郑　爽　丁　悦　赵义凡　左　曼
　　　　　程　欣

政法学院:王　喆　李巨洋　杜媛媛　王清萍　丁小凡　李菲菲　沙如月　何　慧　冯瑞芝　郑永春
　　　　　田　迪　王　旋　隋晓彤　马丽君　徐　博　许嘉迪　廖国锦　陈跃余　陈　秀　王　鹏
　　　　　雷鸿竹　姜　荣　曾一鑫　孔忠愿　陈一准　桑小娟　高　琪　李艳玲　罗梦菲　朱　琳
　　　　　张伊凡　刘文静

外语学院:王亚静　张璐霞　王厚琛　张若琪　苏文博　王姣姣　唐秋怡　姚环环　冯嘉慧　王亚敏
　　　　　何　姗　姜　程　秦艾佳　陈思雨　刘　璐　赵萌萌　王丽娜　丁学聪　肖永平　苗晋宁

阿拉伯学院:张千叶　马帆娟　林　辉　李甜甜　杨　菁　杨迎英　潘　雨　李家胜

经管学院:宋雪玮　杨明亮　石海阳　戚品晗　田佳女　王小燕　王春发　李　娟　赵玉洁　孔佳俐
　　　　　雍敏慧　于　斐　盛登祥　李　雪　马　璐　侯盼盼　翁丽丽　侯亚雅　轩　冉　赵雨涵
　　　　　袁宗晶　马　悦　张亚妮　巴俊园　康顺楠　毛彦魁　马思佳　黄术英　左　尚　王　雪
　　　　　买　玲　唐家力　吴博文　苗　迪　杨　娜　孙婷婷　佟　玲　马　娜　王　林　胡甬宁
　　　　　张　稳　马慧玲　孙旭鹏　刘冰惠　樊鸿钰　麻保慧　闫　安　王素萍　郑　琴　哈文静
　　　　　杨　静　刘红燕　崔璐璐　彭晓梅　杨　兰　熊伟翔　孙学斌　胡佳欣　顾海迪　罗秀婷
　　　　　余　荣　李　合　王　艳

数计学院:马耀梅　崔　英　许　笑　周小飞　王　雪　王　妍　虎晓萍　李小花　赵　琦　苏小红
　　　　　孙雅欣　聂晓斌　马小娟　马　琴　巨月娟　孙立明　高　莉　张　飒　马小琴　徐明慧
　　　　　曹健鹏　倪　翠　赵廷廷　马义梅　李军霞　刘　艺　李　钰　严　佳　娄尘哲　郭　娇
　　　　　田红阳　田小娟　黄　艳　刘浩浩　冯　明　李慧州　赵永强

物电学院:宋天祥　马伟东　张　梦　刘馨阳　胡艺旋　王　洋　邓雅倩　任瑞博　马　静　马小红
　　　　　马占宁　吴　峥　刘嘉诚　柴　源　黄　达　巴云涛　张　晔　王宇阳　张　晶　董伟钢
　　　　　刘　艳　宋奇奇　王　强　李　强　武百亮　郑利华　章　彬　李　宁　闫　越　李　映
　　　　　何俊杰　安钰琪　张彩霞　陆　尧　刘　霞　张凯歌　郑苗苗　陈　燕　龙　浪　颜　交
　　　　　祝广健　纪家聪　田富燕　谭晶磊　谢　琼　牛草萍　谢文琦　杨　燕　田占成　王云鹏
　　　　　胡加斌　杨小梅　张　菊　顾淑霞　马　莉

化工学院:郭瑞青　李建国　胡　萍　胡小丽　李廷林　淮　蓉　李德康　田　娜　周晓梅　刘　晓
　　　　　闵　璐　柯　桢　钱　芳　王肖通　陈思霞　康祝乾　李书蒙　官丽敏　周　伟　段一菲

吴玥曈　马申儒　徐　嫚　涂嘉楠　陈慧君　马　圆　聂彩虹　刘　宁　赖虹霞　雷文雅

纪利杰　杨　玲　高　原　邱玲姝　杨　杰　李文英　李聪儿　李俊伯　张云敬　李一星

张　晶　方知临　郑宏伟

生科学院:王　晶　相慢玉　徐　丽　王文芳　赵　丹　陈佳强　聂蓓蓓　席云凤　魏雪宁　郭宁强

路国栋　于　静　毛湛睿　董曙馨　李　玉　高　婧　任随缘

资环学院:李苗苗　王　可　马思雨　曹玉明　陈朝良　苏贤保　马小花　王文君　杜建强　李晓婧

赵思聪　咸志强　邵　议　李素芳　李冰冰　夏四友　李诗仪　李　萌　柳会会　孔帝亚

杨　奎　杜毅贤　朱洪明　张丽霞

农学院:桑　帆　杨亚亚　王小菊　王　敏　闫丽婷　雅　蓉　孔维康　闫思华　李　娟　宿婷婷

贺自春　虎芳芳　马玲芳　施苏丽　李　琪　马　燕　乔春艳　李　媛　代玲娜　李才华

陈　磊　李建建　万佳颖　周　玉　拓晓丹　宓淑娜　吴佳瑞　袁　瑱　杨丽娇　李　娟

王　琳　王平荣　牛孜清　李艺凡　房盟盟　刘玉山　陈　燕　马刚成　徐凤玲　杨晓康

李金吉

葡萄酒学院:唐香琴　葛　迪　谢　芳　李佳幸　刘竞言　丁雯慧　张瑛圆　董　烁　魏蒙妮

于佳丽　席晓敏　张馨予　盖竑宇　徐　畅　于　洋　安　静

机械学院:刘启新　张叶娟　周雯灿　谢永芳　罗海保　马银辉　田绪东　侯　斌　刘　毅　郑　伟

杨艳艳　马　花　程吉鹏　马海波　严　璐　田进忠　王艳茹　康旭辉　母文豪　朱雪青

谭小康　雷汝白　赵　静　徐敏航　薛　旭　戴玉琦　韩德川　杨亚杰　魏威威　黄　鑫

杨嘉俊　李新飞　史康乐　蔡文婷　冯　凯　兰软格　史亚茹　闫保山　李　彧　薛君蕊

张飞雷　高诏诏　张天星　张朝阳　陈世雄　温博宇　于亚龙　王　鑫　周　宁　李博豪

李嘉婧　陈　晨　高闫宇　顾继雄　侯齐齐　马金花　李中琦

土水学院:马　卉　杨盟盛　章海刚　王顺清　马立成　徐宁宁　王书锐　石丹平　张仕林　杜飞飞

陈文兵　屈　甜　保　婷　张运航　龙　倩　刘生雨　王钧蕾　丁禹龙　王飞奇　刘莺莺

李玉童　刘利明　郭虹位　陈建优　曾圳杰　郭莉英　孟松松　赵昌建　韩方元　吴　霜

唐玲玲　郭　鑫　刘颖琦　石文洁　韩　婷　苏振娟　刘　宁　习文康　赵　静　杨思禹

周浩然　刘　文　顾小清　于明田　杨　霞　张亚军　刘凯丽　赵珮茹　常　轩　周　润

柳雅洁　代诗蕊　马　鹏　白英英　杨召刚　吴　滨

教育学院:包小红　曹玉卿　刘文元　黄　颖　吴　盈　王　茜　梁婷婷　刘　桐　司秋菊　张　涛

杨国斌　霍　达　武婷婷　李嘉敏　王志鹏　陈　虎　杨发森　崔青俊　尚　琦　李亚蒙

体育学院:许　琴　杨　莉　刘启凡　解小如　张　鼎　徐新磊　余振旺　万小娟　龙晓慧　丁　腾

杨　杰　迟青瑞　白冰钗　海　珍　连　荣　刘　伟　郭　浩　张　祥　张　澜　魏　涌

韩朝一　周晓森　徐苗文静

音乐学院:吕晓菲　陆小桐　邢　娜　赵　容　郭　庆　孙佳卉　陈玫燕　张馨雅　赵　茜　樊　敏

尹卓晖　仇雨薇　任鹏旭　李思旸　王梦宇　杜佳欣　赵　颖　陆　玥　唐　伟　王淑雅

王　琛　刘依迪　李宇璠

美术学院:刘　朋　吕燕妮　常　瑞　苗旭东　吴　博　卜楠楠　肖　麒　于园园　曹　越　武嘉文
　　　　　张亚丽　李诗晗　朱　凡　仲姜珊　张亚男　李铭镇　崔文斌　李建荣　管　静　曹鑫佳
　　　　　卫　瑶　刘宇心　冯曹甜　王志力　闫秋池　马晓睿

国际教育学院:王东升　魏佳慧　赵晨阳　战飞宇　胡昊楠

中卫校区:段彩艳　马晓学　佟锦叶　边浩东　马玉超　潘晓冬　袁建业　王　乐　胡佩瑶　杜鹏程
　　　　　孙　筱　陈文静　刘文奇　马晓霞　张娜娜　张　琦　纪嘉伟　申明珠　张　婷　郑惠浩

宁夏大学2014—2015学年优秀学生干部

人文学院:鲜少洁　马斯琦　马　瑞　马慧琴　韩　飞　杨海福　田玉娟　周育蓉　张韫佳　王雅君
　　　　　常振河　王　波　陈　侃　李　潇

新闻传播学院:李宇阳　杨学梅　武文琪　梁云洁　田新俊

政法学院:王元飞　孙月茹　李　莉　高　慧　王晓云　向　妃　翁子立　李志千　王晓花　段鹏杰
　　　　　郑　颖　郑　伟　宋东雯　屈　倩　黄博阳　季秋风　杨勇强　江　涛　郭　云　王小云

外语学院:张凤阳　徐丽杰　马　娟　王思瑶　虎小云　王丹华　杨园园　罗丁琦　马晓玲　刘淑君
　　　　　程　浩　栾　毅　孙国卿　蔡诗萌　吴　晶　崔　婷　刘张美　施永翠　方月梅　谈　佳

阿拉伯学院:丁　娜　董佳慧　范建鹏　李永强　马成凤　魏　丹　高　冉　张　瑱

经管学院:邱宗博　宋　辉　闫晓梅　靳孟茹　赵　勇　凡玉强　张　娜　杨翌苿　陈姗姗　赵文强
　　　　　杜虹瑾　吴晓东　辛学兰　孙巧玲　郭建国　李　娟　马芳媛　兰明清　赵明明　陈　佳
　　　　　马丽娟　金月虹　周　爽　李　媛　王晓东　高丽敏　徐　婷　何晓荣　董　萌　邵浩然
　　　　　杨　欣　张鹏龙　李　欢　汪　丽　田　玲　豆中文　王雪菲

数计学院:金小娟　马　静　景婷婷　李文瑞　米小霞　宁利杰　张　晴　王品超　马　珺　马　丹
　　　　　刘　博　张晓娜　王　俊　郝小瑞　马玉琼　马银军　房圣兰　谢文佳　马丽娟　黄　路

物电学院:陈　学　李　彬　马桂芳　于江森　孙　霖　洪佳瑛　郭晶晶　马　春　蒋成洋　吴忠宝
　　　　　马　倩　丁世伟　海　林　马乾有　贾　磊　刘　乐　张文博　禹憬昊　罗　瑞　李富忠
　　　　　买玉仁　张瀚丞　武　萌　孙殿坤　谷梦玥　胡桢麟　张　娟　刘朝欣

化工学院:郝　楠　杨立琴　侯光晖　张　薇　刘　杨　刘亚超　李国栋　张　颖　王　强　汤国霞
　　　　　张瑞乾　李国林　包文欣　马　宇　魏　丽　杨　荣　李国佳　王　晶　牛江波　安验文
　　　　　仲少艳　王　帅　李　强　纪维维

生科学院:王静静　叶　进　穆天兴　张铮铮　蔡明玉　曹梦飞　张晓迪　施　琪　王丹阳　孙宗超

资环学院:史　诗　江凤波　郭昆明　马超群　马　力　余国良　张　斌　朱天哲　倪　静　曹二佳
　　　　　康　芳　程仕瀚　陈　彧

农　学　院:张瑞军　高　磊　禹文杰　周艳超　冯小芳　鲁　苗　李治鹏　孟雪梅　翟雪宁　韩　亮

何莹莹　咸敏芳　汤　京　梁学保　马　莉　李　珂　张　银　刘师源　陈　露　倪　晶
张　娜　许玲玲　闫　丽　王　婧　程春辉　李正鹏　赵　珍　杨　波

葡萄酒学院：王忆梦　杨子青　李洋洋　齐旺生　孙琴羽　周　峰　龙雨帆　王洪睿

机械学院：张克京　王　楠　刘向生　贺丽琳　张亚斌　曹　婷　符芳源　杜建霖　惠荣荣　梁亚妮
石元开　董涵域　熊　丹　陈　燚　张正中　田　斌　杨国瑞　马万保　马昕月　张旭东
马　荣　苟晓红　韩　硕　刘　欢　杨　瑞　何晓飞　李　想　苏晓明　蔡佳辉　王立志
赵凤发

土水学院：严建强　慕婷婷　王　充　张亚玲　王　瑞　刘　偲　王晓聪　易珠珠　孙　婧　李根晨
李明和　李田雨　张炎培　周　波　岳　文　于　红　李娟娟　罗发贵　田福平　沙国军
赵云彤　王济金　朱　丽　李梦飞　乔彦龙　郜英洲　张国星　吴振华　季彦楠

教育学院：杜　萌　虎金峰　刘嘉琪　李　玲　王辰暄　鲁芳芳　田　凌　张　潆　邵陈晨　刘圣泽
王自芳　闵豆豆　马小红　王　琛　李天梅

体育学院：洪　亭　陈金朋　胡　萌　张诗雯　沈　靖　火　琦　朱　菁　高　翔　韩梦垚　刘　亚
隋凤娟　王　静

音乐学院：张　珊　卞　卡　王哲煊　蒋玉婷　史文萱　刘晓珊　何慕蓉　张　涛　张冬菊　陈　明

美术学院：解邦辉　李季洲　卢小燕　王亚萍　程　婧　张　帆　刘翔宇　吴宏志　韦克昭　王建伟
刘露露　王梅梅　钟　尚　牛亚能　丁　珊　秦亚楠　付彦强　刘　薪　陈于思　张富坤
王梦旋　魏慧慧　张　涛　王　娟　王　琪　王　倩　李伟妍　宋　佳　黄　蕾

国际教育学院：丁亦天　童　萌　黄佳曦　黄伟伟　徐天舒

中卫校区：刘初脱　马　荣　马子芳　徐佩佩　万小娇　杨　帆　黄荣荣　台婷婷　李文博　胡颜德

校宣传部：舒海浪　方　昕　穆苗苗　马小静　范　乐　臧晓旭　马祯臣　杨仲敏　苏　雯

校团委：于智国　周　模　彭　燕　王从凯　刘　冰　马　佳

宁夏大学2015年自治区优秀硕士学位论文

学　生	论　文	导　师
向建华	《蒙古律例》与清代治蒙政策——基于多版本的解读	孙振玉
郭　飞	安萨里苏非伦理思想研究	吕耀军
段　君	贫困地区能力贫困研究——多视角下的农户发展能力测算与政策评估	杨国涛
郝倩楠	左宗棠的荒政实践及其思想	霍维洮
郭亚坤	他者"镜像"中的自我探寻——村上春树长篇小说研究	赵　明
高晶晶	跨情境下青少年慈善捐助归因的特点及其影响机制	丁凤琴
李爱华	中小学教师流动伦理研究	谢延龙
侯　凤	《苏旺尼的六翼天使》中的生态女性主义研究	胡笑瑛
黄　洁	非线性分数阶 Volterra 积分微分方程的小波数值解法	韩惠丽

续表

学 生	论 文	导 师
张婷婷	两嵌段共聚物在几何受限下的自组装动力学研究	杨 涛
宋佳乾	视频图像拼接优化算法实现研究	汪西原
孙永刚	玉米秸秆分子结构的化学解聚及催化制备多元醇研究	马玉龙
张晓瑞	$Na+//H2PO4-$、$Cl-$、$SO42-$–$H2O$ 四元体系及其子体系稳定相平衡研究	任永胜
申国鑫	镍基介孔金属氧化物的制备及其在气体传感器中的应用	薛 屏
张至楠	旅游对沙漠型旅游景区沙坡形态影响研究——以沙坡头滑沙区为例	李陇堂
何承文	豚鼠诱导性多能干细胞样细胞的建立	王玉炯
徐鹏鑫	芦丁治疗 AD 转基因小鼠的研究及一种 AD 免疫制剂安全性评价小鼠模型的初步建立	李 敏
季 波	宁夏贺兰山主要森林群落生物量及碳储量研究	谢应忠
伏利鹏	聚丙烯纤维复合胶粉改性混凝土的性能研究	杨建森
武慧芳	宁夏引黄灌区骨干渠道 EPS 保温板厚度优选试验及数值模拟研究	王红雨
皮进宝	多孔金属材料高温声学性能分析与实验测试系统设计	张 波
李 丹	基于高光谱成像技术的灵武长枣品质无损检测研究	何建国
胡懿君	宁夏中宁县麦蚜寄生蜂群落多样性及环境因子的影响	贺达汉
赵 娟	种植密度对宁夏超高产(1300–1500kg/666.7m2)玉米的植株性状及产量影响研究	柳伟祥
刘宏久	蔬菜穴盘育苗潮汐灌溉技术研究	李建设
苏 玮	花后干旱胁迫下喷施叶面肥对春小麦生理特性及产量的影响	康建宏
葛 松	肉牛皮肤病原真菌的分离与鉴定及抗真菌药物的筛选研究	何生虎

宁夏大学 2015 年校级优秀毕业生

一、研究生

人文学院:赵军斌　杨文健

政法学院:杨继成　强　虎

外语学院:王　蕾　侯　凤

经管学院:田飞艳　马从礼　马　岚

数计学院:黄　洁　黑敏星

物电学院:马天成　宋佳乾　刘　杰

化工学院:冯　尧　张　瑶　毕耔贤

生科学院:徐鹏鑫　景红霞

资环学院:郭永杰

农　学院:陈　晶　赵　琴　王智明　张同刚　韦　峰　郭晓丹　刘宏久　孙　晔

机械学院:张新敏　皮进宝

土水学院:伏利鹏　王锋峰

教育学院:路玲玉　赵瑞红　沈丽媛

音乐学院:王娇然

马克思主义学院:刘昭媛

西部生态与生物资源开发联合研究中心:杨　阳

回族研究院:韩效州

体育学院:王　玮

美术学院:曾发茂

二、本专科生

人文学院:何燕芳　余生虎　马丽娟　闫　勋　刘彩红　李冀宁　杨　栋

新闻传播学院:马　双

政法学院:李　恒　冯双德　赵军义　张富国　张碧涵　唐　博　强婷婷　王　淳

外语学院:田　添　卢叶华　李亚琪　李彩玲　杨佩琳

阿拉伯学院:潘　颂

经管学院:杨林珊　祁建芳　魏　冉　张　勇　刘双文　陈安琪　张吉祥　董　野　段莹丽
　　　　　薛建红　杜　凯　黄　灿　李永梅

数计学院:郭　甜　赵　雪　黑　霞　李会英　黄剑男　李彩琪　陈红霞　李　璐

物电学院:许献元　杨　楠　马海洋　马　吉　王　辰　王玉婷　周婷婷　冯孟磊　张惜月

化工学院:景旭楠　刘择一　何婷婷　王奕岚　马　强　闵青双　门　雪　张小洁

生科学院:张美玲　马兴滋　马小燕　虎玉燕

资环学院:庄逐舟　孙　琳　李蕊宁　明盈盈

农学院:郑佳琦　杨广平　孙佳莹　田　帅　王　倩　史文婷　孙　静　王晓芬

机械学院:王甜甜　李　盼　刘玉红　郑培高　曹秀荣　查方发　王　尚　李建峰　司东旭

土水学院:张继龙　彭清蓉　胡维登　宋洋洋　张延森　刘金凤　宁素瑜　丁朋朋　韩　东
　　　　　金　明　陈巧丽　夏金柱

教育学院:柳安娜　薛程宇　雷学燕

体育学院:王龙龙　尹旭青　郜　宇

音乐学院:韩敬泽　常丽红　于英超　刘　雪

美术学院:黄　楠　赵彦德　沙起山　聂雅丽　刘向荣

高职学院:沈　莲　钱海莉　祝成成　马　蕊　官润雪　韩　华　邓嘉诚　王思慧　季永鹏
　　　　　郭　雯　王鹏辉　丁自华

宁夏大学先进党组织、优秀共产党员、优秀党务工作者

一、先进党委、党总支

生命科学学院党委　政法学院党委　民族预科教育学院党总支　新华学院党委　外国语学院党委

二、先进直属党支部

党办组织部直属党支部　团委学生处就创中心直属党支部　研究生院直属党支部
西部生态中心直属党支部　葡萄酒学院直属党支部

三、先进基层党支部

国防生迷彩青春党支部　教育学院本科生心理系党支部　物理电气信息学院11#学生公寓党支部
南校区退休人员党支部　人文学院学生第五党支部　土木与水利工程学院建筑城规系学生党支部
音乐学院学生第二党支部　农学院园林系教工党支部　体育学院学生党支部
后勤集团幼教中心党支部

四、优秀共产党员

刘兆强　黄二宁　蔡　勇　金桂琴　胡　玥　岳伯华　周　凡　李　娟　周　震　刁　俊
李建设　刘思远　李　园　何凤隽　马彩梅　田　真　何文栋　常　娟　白艳萍　张树静
赵　阁　张贵忠　陆美石　别基照　朱章栓　胡玉冰　张淑红（人文）　毛凤玲　马拥军
武玲娥　余　洁　白雪梅　桂小兵　杨彩玲　韩惠丽　马生忠　姚黎欣　曾建成　张晓光
王艳梅　周学章　马振宁　蒋全熊　史　娟　刘永刚　王大伟　苏军峰　郑来运　马　骏
杨明成　郭　利　郝振君　张　惠　孙建军　江　伟　马浩谦　蔡永刚　宋　娟　党锐峰
白宁芳　韩晓玲　王　兵　牛万红　张红宣　徐　娟　郭少新　贾述道　朱晓莉　房俊卓
李国旗　杜建录　海正忠　王小莉　雷　慧　韩　勇　杨　军　刘永萍　陈双社　黄志国
张淑红（集团）　张顺霞　魏国孝　欧逸梅　王　喆　罗红梅　张鹏龙　苗　壮　乔新涵
陈　学　关皓月　郭宁强　张　斌　高　媛　李　凯　石丹平　刘　桐　王　玮　吕晓菲
刘　朋　马小科

五、优秀党务工作者

李正东　高继明　奥海玮　井惠敏　王宏伟　孙宝德　桑凤亭　鲁　晋　周　强　拜发奎
王宏武　黄旭兴　刘富祥　车　进　叶志春　李　瑾　罗进德　蔡正云　许义泉　马正亮
张　翼　严　津　马树华　丁冬梅　郑燕玲　石慧刚　吕海军　丁秀芹　田富军

宁夏大学第七届非数学专业大学数学竞赛获奖学生

一、甲　组

一等奖:陈　灏　郑明明　杨　杰　曲高强　李重文　习文康　刘利明

二等奖:王　进　洪　琪　徐志豪　彭小英　张云敬　王丽萍　胡加斌　郭　睿　李佳文
　　　　乔利娜　杜毅贤　肖寓芳　龙　倩

三等奖:汤　晔　李云鹏　吕泱宇　吴　滨　郭昆明　杨钊华　张小亮　来大伟　陈小龙
　　　　张浩浩　王品超　曾圳杰　苏小云　陈　晨　武百亮　谢　琼　高诏诏　刘笑杰

二、乙　组

一等奖:胡佳欣　成　通

二等奖:刘红燕　买诗音　辛学兰

三等奖:柳　欢　贾时雨　周　楠　马小娟　拓晓丹　田健霞　余生兰

The Annual of Ningxia University

1 月

6 日　何建国校长会见西北农林科技大学原副校长李华教授。李华教授从学科建设、人才培养、国际合作等方面对学校葡萄酒学院的建设发展提出了建议。副校长谢应忠、葡萄酒学院董事长刘金虎及相关部门负责人陪同会见。

7 日　学校与宁夏体育局签订合作共建宁夏网球队协议，以此促进学校网球运动全面开展。

8 日　宁夏外国专家局局长马继凯一行到校调研，与副校长谢应忠及相关部门负责人进行了座谈。马继凯对学校近年来的引智工作表示了充分肯定，并表示外国专家局将会对文科类引智项目给予倾斜及资助。

20 日　自治区副主席姚爱兴到校看望为赴美国密苏里州立大学访学进行英语强化培训的学生。自治区政府副秘书长崔晓华陪同。校长何建国、副校长谢应忠及相关部门负责人参加了看望活动。学生赴美访学及教师国际化能力培训项目是学校深化与密苏里州立大学合作的重要成果，对进一步服务自治区相关产业发展，提升学校国际化水平具有积极意义。

26 日　学校举行与美国密苏里州立大学合作交流座谈会暨合作协议签约仪式。自治区副主席姚爱兴，美国密苏里州立大学副校长吉姆·贝克博士、国际领导力培训中心主任布莱德·博登豪森、配套生物技术中心主任邱文平，自治区相关部门领导，校领导何建国、王燕昌、张成、王春秀参加。根据协议，学校每年选送葡萄与葡萄酒工程等相关专业学生 50 名、教师 10 名赴密苏里州立大学访学、培训。此项合作是近 10 年来自治区学生首次大规模赴美学习合作项目。

是月　在全区高校就业指导课优秀教师评比中，顾珍、潘瑞、姬广、武林波、孙建军 5 位教师以前 5 名的成绩荣获就业指导课优秀教师，柳松洁老师获入围奖。潘瑞老师的《就业指导》、顾珍老师的《职业生涯规划》、姬广老师的《创新创业教育》课程被确定为自治区级精品课程。

▲《宁夏大学学报（人文社会科学版）》入选宁夏传统出版单位数字化转型示范单位。

▲ 学校发布 2014 届毕业生就业质量年度报告。报告较为全面地反映了 2014 届毕业生就业基本情况、主要特点、发展趋势以及对教育教学的反馈等，展示了学校在毕业生就业创业方面的特色和经验做法。

2 月

12 日　校党委书记齐岳、校长何建国会见国家电网宁夏电力公司总经理赵亮一行，双方就加强合作等问题交换了意见。副校长张成及双方相关部门负责人参加了座谈。

28 日　自治区党委第二巡视组向宁夏大学反馈巡视工作情况。第二巡视组组长赵正川，自治区党委巡视办主任李悍国、副组长李伟，学校全体校领导、党委常委及党群行政、教学科研等部门负责人参加了会议。校党委书记齐岳表示，学校会坚决贯彻落实巡视组反馈意见中提出的整改要求，抓好整改。

是月　学校与南非斯泰龙波什大学签订合作备忘录。双方将在葡萄与葡萄酒研究和人才培养方面展开多项合作。副校长谢应忠参加了签字仪式。

3月

10日　自治区教育工委副书记赵建峰一行就高校宣传思想等工作到宁夏大学调研。校党委副书记赵利宁就学校宣传思想等工作进行了汇报。赵建峰要求学校进一步贯彻落实好《关于进一步加强和改进新形势下高校宣传思想工作的意见》提出的各项任务，切实提高做好高校意识形态和宣传思想工作的本领。

▲　校党委书记齐岳、副书记赵利宁到民族预科教育学院就新学期学生开学报到、校园安全稳定、教学改革等进行调研。齐岳要求民族预科教育学院要进一步加强对少数民族学生的教育引导，进一步增强少数民族学生的中华民族归属感，并为少数民族学生创造更加和谐的学习生活环境。

17日　宁夏师范学院副院长李龙锦一行到宁夏大学调研国际化办学和就业创业工作。校党委副书记赵利宁参加调研。双方就两校深化联合办学、大学生就业创业等工作进行了交流座谈。会后，李龙锦一行考察了大学生就业创业指导服务中心、心理咨询中心及大学生大益爱心茶室。

▲　全区普通高等学校第一届辅导员职业能力大赛在宁夏大学拉开帷幕。此次大赛共吸引了全区 15 所高校的 38 名辅导员参加，宁夏大学最终获得二等奖 1 名、三等奖 2 名、优秀选手奖 1 名，并获得团体总分第一及优秀组织单位称号。

18日　宁波工程学院副院长王菁华一行到宁夏大学访问，与副校长谢应忠就人事、规划、高教研究等相关问题进行了座谈交流。

是月　杜建录教授入选自治区第二批"塞上英才"人才工程。"塞上英才"是自治区最高人才工程，每两年选拔一次。自治区财政专门设立了"塞上英才"专项资金，给予每人 50 万元奖励。

▲　《宁夏大学章程》经自治区教育厅高等学校章程核准委员会评议，由教育厅党组会议核准生效。大学章程是高等学校依法自主办学、实施管理和履行公共职能的基本准则。经核准的《宁夏大学章程》包括总则、举办者与学校、学生、教职工、教学与科研、组织机构、财务资产与后勤、校友、校徽校庆日、附则等 10 章，共计 81 条内容。

4月

8日　美国驻华大使马克斯·博卡斯一行到宁夏大学访问，与校党委书记齐岳、校长何建国、副校长谢应忠进行了座谈交流。此次访问为中美两国高校进一步深入开展国际合作交流提供了一个高效的平台。

▲　学校成立马克思主义中国化理论学习社。该学习社为学校搭建了马克思主义理论研究新的学习平台，对进一步提高全校师生的马克思主义理论素养、发挥主流意识形态在高校的指导作用具有重要意义。

9日　校领导齐岳、何建国、许兴、张成、田军仓一行调研中卫市米粮川生态移民新村盐碱地治理项目进展情况。由学校组建的协同创新项目组，通过成果转化、新技术应用与示范等方式深入开展米粮川生态环境治理，经过半年的治理试验，已取得初步成效。

13日　学校学习习近平总书记系列重要讲话精神培训班在自治区党校举行。此次培训班至 5 月 15 日结束，共分三期，每期脱产培训 5 天，全校党群、行政、教学、科研、直属附属单位近 280 名中层干部分批轮训。

14日　宁夏燕宝慈善基金会会长余今晓一行到宁夏大学调研，与校党委副书记赵利宁进行了座谈。燕宝慈善基金主要用于资助宁夏所属具有宁夏户籍的家庭经济困难的在校普通高中、职业教育和普通本科学生。宁夏大学 2010 级 800 名学生受助，每人每年 3000 元，连续资助到毕业；2013 级受助学生 1053 人，2014 级受助学生 1910 人，每人每年 4000 元，连续资助 4 年。

20 日　兰州理工大学校长王晓明一行到宁夏大学就大学生创新创业教育工作进行调研。副校长许兴就大学生创新创业教育工作制度构建和内涵提升等进行了介绍。随后，双方就大学生创新创业教育工作的政策扶持、孵化基地建设等具体问题展开了深入的交流和探讨。

21 日　西藏大学校长普布次仁一行到宁夏大学考察调研。副校长许兴就学校人才培养、学科建设、服务地方等方面的基本情况进行了介绍。双方就学科调整转型、中西部高等教育振兴项目、大学章程制定等问题进行了交流。普布次仁一行还参观了学校能源化工（天然气转化）国家重点实验室培育基地和西部特色生物资源保护与利用教育部重点实验室。

22 日　自治区总工会副主席马启宁一行到宁夏大学就校务公开民主管理工作进行调研，与马应虎副校长及工会相关负责人进行了座谈。马启宁对学校校务公开、民主管理、工会工作给予了肯定，希望学校继续发挥自治区校务公开民主管理示范单位模范带头作用。调研组还与各分工会主席就民主管理、二级教代会、经费管理、文体活动等方面工作进行了深入细致的交流，并查看了相关档案资料，参观了外国语学院、化学化工学院"教职工之家"。

24 日　学校与白俄罗斯国立技术大学进行了人才与科技专题座谈。白俄罗斯国立技术大学副校长阿列克谢耶夫·尤里与副校长王春秀、宁夏勤昌轴承制造有限公司副总经理刘长明及学校相关学院、部门负责人进行了座谈。双方就本科生及研究生交换培养、科研人员挂职交流、科研及创新

项目合作、学术资源交流共享等问题进行了交流。

27 日　毛里塔尼亚国努瓦克肖特大学校长西迪一行到宁夏大学访问，与校党委书记齐岳、副校长许兴就教师互访、学生互派、期刊合作以及孔院合作建设等工作进行了友好交流，并签订了合作备忘录。

5 月

6 日　校长何建国会见了美国两院院士耿旭教授。何建国向耿旭教授介绍了学校人才培养与学科建设方面的基本情况。耿旭教授对学校在环境、能源等相关领域取得的成绩给予了肯定，希望能为学校发展尽一份力。座谈会上，何建国为耿旭教授颁发了客座教授聘书。副校长许兴参加了会见。

▲　学校举行 2015 届毕业生夏季校园"双选"洽谈会。此次洽谈会提供 4000 多个就业岗位，吸引校内外 4800 多名毕业生参加。

▲　学校成立全区首个高校网络文明促进会，旨在推动青年学生网络宣传和思想引领工作扎实开展，实现共青团工作在网络新媒体领域有平台、有队伍、发声音、有内容、出影响、见效果。

▲　台湾"大陆游学委员会"高校教师一行 28 人到宁夏大学访问，与学校就旅游专业建设及大学生旅游社团开展合作交流进行了座谈。

7 日　校长何建国一行到中卫校区调研指导工作。何建国一行检查了中卫校区课堂教学情况，走访了新校区建设工地，并与中卫校区工作人员进行了座谈，听取了中卫校区开学以来各项工作开展情况。校党委副书记王燕昌及相关部门负责人陪同调研。

13 日　校长何建国会见了阿曼苏丹国东方大学董事会副主席阿卜杜拉·哈马德·布赛义迪、东方大学校长安布德·萨瓦非、阿曼驻华大使馆文

化参赞默罕穆德·纳吉布·布鲁士一行。双方围绕宁夏大学与阿曼东方大学联合培养本科生问题进行了重点讨论。随后学校与阿曼东方大学签订了《中国宁夏大学与阿曼东方大学谅解备忘录》。副校长谢应忠及相关部门负责人参加了相关活动。

15日　银川市委常委陈栋桥一行到宁夏大学调研安全稳定工作，听取了安全稳定工作汇报，并实地考察了门禁系统、防暴器材、监控指挥中心、数字化平安校园系统和消防联网监控室。校党委副书记赵利宁参加调研活动。

16—17日　学校与宁夏师范学院联合举办了首届师范生教学技能大赛。此次比赛是学校与宁夏师范学院联合办学的又一项目。通过比赛，两校交流了师范生培养经验，促进了师范生教学能力的提升。副校长王春秀、宁夏师范学院副校长梅军及相关部门负责人和师生观摩了比赛。

18日　盐城工学院副校长董跃进一行到民族预科教育学院调研，与校党委副书记赵利宁、纪委书记孔斌及民族预科教育学院负责人进行了座谈。双方就学科专业建设、少数民族学生培养等问题进行了交流。随后，盐城工学院领导与33名委培预科学生进行了座谈，并向学生赠送了学习用品。

19日　西北师范大学田澍副校长一行到宁夏大学调研，与副校长谢应忠及相关部门负责人进行了座谈。座谈会上，双方就高校如何在"一带一路"建设中做好智库工作、阿拉伯研究中心运行机制等方面问题进行了交流。

21日　校领导齐岳、何建国、王燕昌、许兴、张成、马应虎、孔斌、王春秀一行到中卫校区、宁夏师范学院调研。在中卫校区，校领导一行实地走访了新校区建设工地，并就教育教学管理改革、人才培养、中卫校区管委会工作情况、校区搬迁、校企合作等问题与中卫校区管委会负责人进行了交流。在宁夏师范学院，双方就两校联合办学等工作进行了交流，就两校联合办学中存在的问题进行了现场办公。

▲　学校与宁夏师范学院联合举办2014年新聘教职工专项培训。自治区教育厅副厅长冀永强参加了开班典礼。培训包括校情校史教育、学校重要规章制度教育、科研能力培养、学生工作能力培养、教学技能培训。

22—25日　留德华人化学化工学会"春晖计划"博士团到宁夏大学访问，开展了为期4天的学术交流。访问期间，博士团成员与学校相关负责人进行了合作交流，并为师生作了7场学术报告。"春晖计划"为教育部资助留学人员短期回国工作专项计划。自治区教育厅副厅长冀永强、副校长许兴参加了学术交流活动。

23日　由约旦高教科研大臣拉比卜·赫达拉、德国—约旦大学校长纳齐尔·纳伊夫·萨利姆·艾布·欧贝德等组成的约旦高教代表团一行到宁夏大学访问，与自治区教育厅副厅长冀永强、校长何建国、副校长王春秀进行了交流。双方就复合型人才培养模式、互派访学学生、建立中国—约旦大学、开展能源与水资源领域的科研交流等进行了交流。随后学校与德国—约旦大学签订了合作交流框架协议。根据协议，学校选派学生赴约旦大学访学。

25日　教育部高校毕业生就业总结宣传工作专家组组长、安徽师范大学党委书记顾家山一行到宁夏大学实地考察调研，听取了学校在教育教学、人才培养模式改革，以及就业工作创新方面的典型特色和经验做法汇报。自治区教育工委副书记赵建峰，校领导何建国、赵利宁、许兴、王春秀等参加了汇报会。专家组一行还与教师、学生进行了座谈，并对学校教学、人事、财务、资产等文档进行了查阅，实地考察了就业工作平台、实习实训基地、创业平台等。

28日 宁夏大学—西门子先进自动化技术联合示范实训中心建成启用。王春秀副校长与西门子工业集团客户服务部副总经理童伟签订了共建协议。该实训中心借助西门子公司在工业自动化领域的先进理念和技术，为学校物理电气信息学院、机械工程学院、化学化工学院的8个相关专业提供实验实训。

29日 学校举行"三严三实"专题教育党课暨动员会。校领导、党委常委和副处级以上领导干部参加了会议。会上，校党委书记齐岳作了题为《践行"三严三实"，推动宁夏大学科学发展》的专题党课。校长何建国强调全校各级党组织要充分认识开展"三严三实"专题教育的重要意义，切实增强责任感和紧迫感，自觉投身专题教育中。

▲ 学校举办"十三五"事业发展规划编制专题报告会。上海交通大学规划发展处处长杨颉研究员为校领导、副处级以上领导干部、校级以上重点学科带头人及学科骨干作了专题辅导报告。学校"十三五"事业发展规划编制的相关工作正式启动。

是月 由张成副校长带队的宁夏大学首届研究生管理人员高级研修班在厦门大学举行。来自各培养单位主管研究生工作的院长、副院长和研究生秘书共32位学员参加了此次培训。此次研修班旨在全面提升研究生管理和培养工作的质量，进一步增强学校研究生管理工作的软实力。

▲ "十二五"国家科技支撑计划"农业与食品行业制造与自动化生产线关键技术与示范"项目"枣果商品化无损检测分级关键技术装备"课题通过科技部验收。此课题由宁夏大学、浙江大学、灵武市果业开发有限责任公司联合承担，历时4年，突破了枣果紧凑空间快速旋转单体定向排布输送、嵌入式专用图像采集处理系统、基于机器视觉及近红外相结合的枣果外部品质与内部糖度综合指标在线检测系统、枣果专用型多通道自动进料快速称重等4项关键技术。

▲ 在第九届"挑战杯"全区大学生课外学术科技作品竞赛中，经济管理学院张会萍老师指导，胡小云、霍文娟等同学完成的《宁夏"企业商标奖励"财政支出项目绩效评价报告》等2项作品荣获特等奖；物理电气信息学院康彩、张冬老师指导，马东海、乔新涵等同学完成的《楼宇保安机器人》等4件作品荣获一等奖；机械工程学院朱学军老师指导，赵丽、陈官等同学完成的《杏鲍菇温室栽培环境数字化信息远程监控系统》等8件作品荣获二等奖；物理电气信息学院张虹波、匡银虎老师指导，姚佳乐、张凯歌等同学完成的《四旋翼飞行器的室内自主飞行控制系统》等6件作品荣获三等奖；农学院范艳丽老师指导，韩丽娜、罗亚帅等同学完成的《基于真空冷冻干燥技术的牛肉固体汤料的制作工艺研究》荣获优秀奖。

▲ 学校西部生态研究中心硕士研究生杨阳荣获2014年度"王栋奖学金"。"王栋奖学金"由中国工程院院士任继周先生倡导，为纪念我国草业科学奠基人王栋先生而设立，是当前我国唯一一面向全国在校博士生和硕士生的草业科学奖学金。

6月

1日 自治区教育工委副书记赵建峰、思政部副部长翟家驹到宁夏大学就马克思主义学院共建工作进行调研。校党委副书记王燕昌，宣传部、教务处和马克思主义学院负责人及教师、辅导员代表参加了调研座谈。

3日 教育部民族教育司副司长郭岩一行到宁夏大学调研，并就少数民族预科生管理服务工作召开座谈会。自治区教育厅副厅长王建平，校长何建国、校党委副书记赵利宁、民族预科教育学院负责人参加调研。

4 日　自治区副主席姚爱兴在自治区政府副秘书长崔晓华、自治区教育厅副厅长撒承贤、宁夏考试院院长戴冰青的陪同下到中卫校区调研指导工作。姚爱兴一行到校区建设工地听取了工程建设情况汇报，实地检查工程建设情况，了解校区布局及建筑功能，并与学校及中卫市领导召开了座谈会，听取了中卫校区工作情况汇报。校长何建国，中卫市委书记、市人大常委会主任张柱，校党委副书记王燕昌、副校长王春秀，中卫校区管委会主任刘向兵参加调研。

5 日　校领导何建国、赵利宁、张成、马应虎、王春秀与本科毕业生代表进行了亲切交谈并送上诚挚的祝福。

8 日　学校主持的"十二五"国家科技支撑计划项目"半干旱区受损生态系统恢复重建及资源持续利用技术研发与示范"与课题"宁夏荒漠草原农牧复合生态系统构建及资源可持续利用关键技术集成与试验示范"通过了科技部组织的结题验收。此课题针对宁夏中部荒漠草原区土地沙化、草地退化和土壤退化问题，以植被快速恢复和土壤质量提升为核心，重点开展了沙化草地固沙、退化草地植被快速恢复、退化土壤改良利用、特色经济植物人工栽培与利用技术研发。

9 日　卡塔尔驻华大使苏尔坦·曼苏里应邀做客宁夏大学阿拉伯国家大使论坛，发表了"中卡关系及未来发展趋势"主题演讲，并现场与师生互动。

▲　自治区党委统战部副部长杨洪一行到宁夏大学对统一战线工作进行"大调研"，与校党委副书记王燕昌，学校各民主党派、团体负责人，留学人员代表以及相关部门负责人进行了深入交流座谈。

10 日、11 日　学校分别举行了 2015 届本专科生、研究生毕业典礼。2015 年，共有 3720 名本专科毕业生、819 名硕博研究生毕业。

11 日　中国高校创新创业教育联盟成立大会在清华大学举行，宁夏大学作为发起单位之一加入此联盟。中国高校创新创业教育联盟旨在探索创新创业教育模式与方法，规范创新创业教育质量保障，改革创新创业人才培养体系，协同共享教育资源和创新创业支持性资源，多形式、多渠道开展有特色和富有成效的创新创业教育活动，推动促进创新创业教育发展的国际交流，努力培养造就创新创业卓越人才。

12 日　学校与澳大利亚纽卡斯尔大学签订合作交流协议。纽卡斯尔大学创新中心主任克里斯托弗·凯莱赫、中国事务部负责人赵彤女士，副校长谢应忠、张成参加了签约仪式。这是近年来宁夏大学首次开展的赴澳洲学习合作项目，30 名研究生到澳大利亚参加为期 8 周的创新能力培训。

12—14 日　在 2015 年第九届全区学生沙滩排球锦标赛中，经过 3 天的比赛，宁夏大学女队蝉联女子组冠军，男队摘得男子组冠亚军。

20 日　在全区第八届民族体育运动会上，宁夏大学组织 183 人的代表团，分别参加了珍珠球、花炮、木球、板鞋竞速、押加、高脚竞速、民族健身操 7 个项目的比赛，骑马打仗、打梭两个项目的表演，最终在男女珍珠球，男子抢花炮，女子 100 米、200 米高脚竞速项目中获得了金牌，此外还取得了三银、十一铜的优异成绩。

23 日　宁夏大学召开干部大会。自治区副主席姚爱兴，自治区党委组织部副部长、老干部局局长王铎，自治区教育工委副书记李秋玲，自治区政府副秘书长崔晓华出席会议。校领导及副处级以上领导干部参加会议。会上宣布了自治区党委干部任免决定，金能明同志任宁夏大学党委委员、常委、书记；齐岳同志不再担任宁夏大学党委书记、常委、委员职务。

26 日　校长何建国会见了宁波大学学术委

员会主任、原校长聂秋华,副校长徐铁峰一行。双方就共同关心的学校定位与发展、科学研究、服务地方等问题进行了交流。副校长许兴、张成参加了会见。

29日　校党委书记金能明、校长何建国会见中国科协"海智专家"生态考察团主要成员、中国工程院院士王浩。副校长张成及相关部门负责人参加会见。双方就水利工程学科建设与发展、提高人才培养质量、提升科学研究和人才队伍水平等进行了友好交流。会后,王浩院士为师生作了题为《新形势下我国城市洪涝问题和防治措施》的专题学术报告。

是月　在2014年度"中国电信奖学金"评选暨"践行社会主义核心价值观先进个人"寻访活动中,物理电气信息学院2014级硕士研究生马建华荣获"中国电信奖学金·天翼奖"暨"践行社会主义核心价值观先进个人标兵"荣誉称号,成为宁夏高校唯一获此殊荣的大学生。土木与水利工程学院2011级学生夏金柱荣获"中国电信奖学金·飞Young奖"暨"践行社会主义核心价值观先进个人"荣誉称号。

▲　由宁夏大学作为技术依托单位申报的"宁夏吴忠农田防护林生态系统定位观测研究站""宁夏黄河湿地生态系统定位观测研究站"获国家林业局批准建站。

▲　宁夏大学党员校外教育实践基地挂牌仪式在银川市西夏区新天地爱心老年公寓举行。党员校外教育实践基地的建立为青年大学生提供了新的实践锻炼成长平台,此后每个月都有一个学院的党员志愿服务队到教育实践基地开展志愿服务和教育实践活动。校党委副书记王燕昌参加了挂牌仪式。

▲　由自治区教育厅主办、宁夏大学承办的首届宁夏大学生结构设计大赛在大学生活动中心举行。来自宁夏大学、北方民族大学等全区7所高校的30支代表队,共计600多名师生参加和观摩了此次大赛。宁夏大学参赛队最终获得二等奖两项、三等奖两项。

7月

1日　宁夏大学召开纪念建党94周年暨党的建设工作表彰大会。生命科学学院党委等5个学院党组织获先进党委党总支称号,党办组织部直属党支部等5个党支部获先进直属党支部称号,国防生迷彩青春党支部等10个党支部获先进基层党支部称号;刘兆强等100人获优秀党员称号,李正东等29人获优秀党务工作者称号。全体校领导、党委常委,副处级以上领导干部参加了大会。

▲　举行宁夏大学国家大学科技园与宁夏盛天彩数字科技股份有限公司共建大学生创新创业孵化基地仪式,同时,双方签订了校企合作意向协议书。宁夏盛天彩数字科技股份有限公司总经理任立勇、副总经理任立超、任立伟和产品运营总监段兰被聘为宁夏大学国家大学科技园创业导师。校党委副书记赵利宁、副校长许兴参加共建仪式。共建大学生创新创业孵化基地将进一步促进企业发挥在创新创业型人才培养,特别是在大学生创业孵化、创业实践中的示范引领作用,助推创新创业实践教育体系不断完善。

2日　榆林学院党委书记高延龙、延安大学副校长马勇一行到宁夏大学调研,与校长何建国,副校长许兴、张成进行了交流会谈。3日,三校还召开了合作交流座谈会,就科研、校企合作等问题进行了友好交流,希望三校在联合策划重大项目、成果转化、人才互聘方面取得合作成果,科技处、社会服务处相关人员参加了座谈会。

▲　教育部高等学校体育教学指导委员会胡振浩、闫振龙等一行到宁夏大学调研了解体育工

作开展情况。

6日　由中国社会科学院西夏文化研究中心、宁夏大学西夏学研究院、甘肃省古籍文献整理研究中心联合内蒙古、甘肃、宁夏等省区文物考古部门共同编纂的《西夏文物》首批成果——"内蒙古编"(4卷)、"甘肃编"(6卷)出版。《西夏文物》是国家社科基金特别委托项目"西夏文献文物研究"的重大成果,全书共分五编,另外三编于2018年前陆续编纂出版。

7日　由驻港公署副特派员宋如安带队的香港大学生"外交之友"夏令营代表团一行73人在自治区外事办公室副主任白玉珍的陪同下到宁夏大学访问。

8日　科技部农村科技司司长马连芳一行到宁夏大学调研,参观了农学院教学科研成果展室和葡萄与葡萄酒教育部工程研究中心,听取了农学院科学研究及服务地方基本情况汇报,自治区科技厅副巡视员胡伟德、副校长许兴等参加调研。

9日　举行宁夏大学、亚马逊AWS、中卫市政府三方推动设立宁夏大学亚马逊云计算学院合作备忘录签约仪式。自治区教育厅副厅长张治荣,校领导金能明、何建国、王春秀、王燕昌,中卫市委书记张柱、市长万新恒,亚马逊AWS全球副总裁、AWS中国执行董事容永康,亚马逊AWS中国公共事务部总经理王珊参加签约仪式。亚马逊云计算学院旨在通过校企合作,在云计算相关领域开展系统的师资培训及学生培养,推动科研、实训体系建设,促进学生就业创业。

10日　学校与上海交通大学召开联合培养本科生工作座谈会,副校长张成及相关部门负责人与上海交通大学地方合作办公室主任陶剑、副主任徐祖广,教务处副处长张瑞,学生工作指导委员会副处长蒋立峰、沈燕明及联合培养本科生相关学院负责人进行了交流。会上,双方就两校联合

培养本科生学习生活相关问题进行了沟通、磋商。

12日　华中科技大学副校长杨勇一行到宁夏大学访问,与校党委书记金能明,副校长许兴、田军仓及相关部门负责人进行了交流。双方围绕科研项目、人才培养、深化合作等问题进行了交流。杨勇一行还参观了农学院和葡萄酒研究院。

▲　新疆大学副校长阿布都热西提·努儿登、驻新疆大学选培办主任韩勇等一行到宁夏大学对国防生培养工作进行考察调研,与校党委副书记赵利宁、驻校选培办及相关部门负责人进行了座谈,并参观了国防生公寓楼,了解了记者站、军事爱好者协会、枪械室、训练器材室等的建设情况。

14日　台湾交通大学、清华大学、阳明大学、中央大学四校联合副校长林圣芬及来自台湾7所高校的专家代表到宁夏大学访问,与副校长谢应忠、国际合作处负责人就学术交流和学生互换工作进行了交流。

15日　自治区党委组织部、人力资源和社会保障厅主要负责人就全区人才工作到宁夏大学调研、征求意见。在调研座谈会上,学校与会专家围绕人才培养和引进政策、人才稳定和人才发展措施等向调研组提出了意见建议。校长何建国、校党委副书记王燕昌及组织部、人事处负责人参加了座谈。

18日、21日　学校党外干部政治素质及能力提升班、党务干部"三严三实"专题教育暨党性锻炼培训班先后在井冈山干部教育学院举行,20多名统战成员及29位党务干部分别参加了培训。

20日　厦门大学关工委主任陈力文一行到宁夏大学访问座谈。校党委书记金能明、副校长王春秀及相关部门负责人参加座谈,双方就两校关工委工作进行了友好交流。

23日　阿拉伯大学协会会长Sultan T. Abu-Orabi博士一行在自治区教育厅副厅长冀永强的陪同下到宁夏大学访问,副校长田军仓向来宾介

绍了学校相关情况。阿拉伯大学协会是由亚洲、非洲及中东等地区阿拉伯国家的300余所高校组成的旨在推动阿拉伯国家与世界各国高校合作与交流的组织。

28日　由宁夏大学主持的国家林业公益性行业科研专项重大项目——"西北盐碱地生态恢复关键技术研究与示范"在宁夏启动。该项目总投资794万元，是我国第一个针对西北地区盐碱地生态恢复的林业重大科研专项，也是宁夏首次实施国家林业公益行业重大科研专项。

8月

3日　自治区主席刘慧、副主席王和山等人在校长何建国，中卫市委书记张柱、市长万新恒的陪同下到宁夏大学中卫校区调研。在听取了中卫市相关领导关于中卫校区工程建设情况汇报后，刘慧一行实地考察了解了校区建设情况。随后，刘慧主持召开宁夏大学中卫校区建设专题会，会议研究决定了中卫校区下一步建设发展事宜。自治区政府相关部门负责人，校领导赵利宁、王燕昌、马应虎、王春秀及中卫市相关领导参加了调研活动。

▲　校党委书记金能明在福建福州拜访了新中国宪法学泰斗、宁夏大学原校长吴家麟先生。

6日　在第十四届全国少数民族体育运动会上，宁夏大学男子花炮队取得第二名的好成绩，这是宁夏自参加全国民族体育运动会花炮项目比赛以来取得的最好成绩。

8日　华中农业大学党委书记李忠云一行到宁夏大学访问，与校党委书记金能明、副校长许兴及相关部门负责人进行了座谈，双方围绕校际合作展开了友好交流。会后，李忠云一行参观了校园、农学院和葡萄酒研究院。

▲　厦门大学法学院与宁夏大学政法学院签订合作交流框架协议。根据协议，双方将在推动本

科生、研究生及教师间的相互交流，促进法学研究领域合作等7个方面开展合作。校党委书记金能明参加签字仪式。

11日　全国政协副主席、九三学社中央主席、中国科学技术协会主席韩启德到中卫校区视察。校党委书记金能明、中卫市市长万新恒陪同。韩启德与金能明就中卫校区专业设置、校区运行机制、未来发展目标等进行了交流。

18日　宁夏大学与宁夏德龙酒业有限公司举行合作协议签字仪式，双方围绕葡萄产业发展的关键需求，着力在人才培养、科学研究、科技成果转化、创新创业等方面开展合作。签字仪式上还进行了校企共建宁夏大学德龙集团有机葡萄酒工程技术研究中心、宁夏大学国家大学科技园（德龙）大学生创业园揭牌。宁夏德龙酒业有限公司董事长陈德启，宁夏质量技术监督局副局长王中，宁夏葡萄与葡萄酒产业发展联盟秘书长赵世华，校领导金能明、何建国、许兴、张成及相关人员参加了签字仪式。

23日　第三届思想政治理论课课程建设高端论坛在学校举行。此次论坛旨在深入总结思政理论课"05方案"实施的基本经验，深入探讨思政理论课教学改革。校党委副书记王燕昌参加了论坛。

25日　自治区档案局副局长张玉琴带队到宁夏大学检查档案工作。在听取汇报后，检查组实地察看了实物档案和干部人事档案，并对学校的档案工作提出了意见建议。副校长田军仓参加了检查工作。

28—29日　校党委开展"三严三实"专题教育第二次学习研讨会。校领导、党委常委，校党委委员，纪委委员，教代会、工代会代表以及有关部门负责人参加了学习研讨交流。

是月　中国工程院公布了2015年院士增选

进入第二轮评审的候选人名单，副校长田军仓教授上榜，成为宁夏唯一的一位候选人。

▲ 校长何建国一行深入新疆巴克图、霍尔果斯和阿拉山口等8个边防连及石河子大学，就宁夏大学国防生培养工作展开专题调研。调研期间，校长何建国一行深入驻新疆部队15个建制单位、1所签约高校，组织各类座谈会25个，参加座谈的部队官兵和国防生200多人，采集信息300多条，为国防生培养工作进一步适应军队人才建设要求、满足国防生自身素质提高要求，提供了宝贵经验和第一手材料。此外，何建国一行还赴新疆克州看望了学校赴新疆工作的毕业生。为积极响应国家战略要求，学校共有24名2015届优秀毕业生通过选拔赴新疆克州工作。

▲ 迪拜大学孔子学院合作协议续签工作完成，迪拜大学将与宁夏大学继续共同建设迪拜大学孔子学院，协议延续至2020年6月。

9月

2日 学校举行纪念中国人民抗日战争暨世界反法西斯战争胜利70周年升国旗仪式。全体校领导、曾经参加抗日战争的老同志、党政部门全体工作人员以及各学院负责人、辅导员、教师代表、各民主党派负责人、学生代表千余人参加了升国旗仪式。同日，学校侨联、台联还召开了纪念中国人民抗日战争暨世界反法西斯战争胜利70周年座谈会。

6日 上海市老教授协会代表团到宁夏大学考察交流。老教授们先后参观了农学院葡萄酒中试车间、农学院成果展室、大益爱心茶室等，并听取了学校发展历史、人才培养与科学研究的介绍。自治区政协原副主席、学校原党委书记、校长陈育宁，校长何建国，副校长张成、王春秀陪同考察。

▲ 学校承办宁夏首届网络创业大赛高校赛

区总决赛。副校长许兴、自治区相关厅局负责人及300余名各高校师生代表参加了活动。经过比赛，宁夏大学共有2个项目进入高校赛区前6强，继续参加全区首届网络创业大赛区级比赛。

7日 自治区党委常委、统战部部长马廷礼一行到中卫校区调研。中卫市委常委、副市长，中卫校区管委会主任刘向兵，中卫市政协副主席施润云，中卫校区管委会常务副主任马亦兵参加调研。马廷礼一行实地察看了校区建设情况，详细了解教学、生活设施配备并深入食堂、公寓与学生亲切交谈。

8日、10日 学校分别举行2015级本科新生开学典礼及研究生新生开学典礼，2015年共有4155名本科新生及940名研究生新生。

11日 教育部副部长林蕙青一行在自治区教育厅党组书记、厅长郭虎，党组副书记、副厅长撒承贤，副厅长冀永强及教育考试院院长戴冰青等的陪同下到宁夏大学检查校园安全并开展调研。校长何建国、校党委副书记赵利宁、副校长许兴及相关部门负责人参加了检查调研。林蕙青一行实地考察了学校门禁系统、防暴器材、监控指挥中心、数字化平安校园系统消防联网监控室，并仔细检查了能源化工重点实验室化学品管理及各项安防措施，随后视察了学校规划建设情况并召开了座谈会。

12—13日 校长何建国出席第三届中阿大学校长论坛。此届论坛以"服务'一带一路'建设、打造创新合作平台"为主题。在论坛期间，学校先后与卡塔尔大学、埃及班哈大学、约旦杰拉什大学、约旦阿杰隆国立大学等4所大学签订了实质性合作协议，并与20多位外方校长进行了深入交流。

▲ 由学校承办的中阿大学校长论坛中阿大学学者研讨会在银川召开。此次研讨会围绕"一带

一路"与中阿全面交流合作、中国·阿拉伯国家智库交流与合作等问题展开讨论。副校长谢应忠参加了研讨会。

15日 宁夏大学中卫校区召开2015级新生开学典礼。

21—23日 校长何建国随宁夏政府团访问美国、加拿大。在美访问期间,何建国随团访问了美国密苏里州立大学,慰问了在该校访学的学校葡萄酒学院和农学院60名师生,并参加了宁夏大学与密苏里州立大学农业研究项目开班仪式。23日,访问团一行访问美国特拉华大学,与特拉华大学全球研究中心、孔子学院等部门负责人进行了座谈,讨论了宁夏大学与特拉华大学全球事务研究中心及孔子学院中国文化推广等方面的交流合作,并参观了特拉华生物分子工程所。何建国随团访问加拿大期间,与约克大学相关负责人进行了座谈交流,双方就学术交流、人才培养等问题进行了深入讨论。

28—30日 宁夏大学举行第十届全民健身体育文化节暨第四十四届体育运动会。经过3天比赛,新华学院、物理电气信息学院、经济管理学院、土木与水利工程学院、政法学院、化学化工学院荣获运动会团体比赛前六名。新华学院、经济管理学院、物理电气信息学院、数学计算机学院、土木与水利工程学院、化学化工学院分获全民健身体育文化节前六名。

是月 由西夏学研究院院长、"长江学者"杜建录教授主持完成的国家社科基金重点项目《中国藏黑水城汉文文献整理研究》入选2015年度《国家哲学社会科学成果文库》。

▲ 政法学院胡世恩副教授讲授的《法理学》和马克思主义学院白宁芳副教授讲授的《宪法学》两门课程入选教育部"精彩一课"。

▲ 宁夏大学足球队在"谁是球王"全国青少年足球竞赛选拔赛中获西北赛区冠军。

10月

7—10日 澳大利亚联邦科工组织首席科学家周雪荣、澳州国立大学工程与计算机学院副院长于长斌、昆士兰科技大学研究员张占营一行3人到宁夏大学开展教育部"春晖计划"科研对接活动,分别为师生作了学术报告,分享了各自的研究领域和取得的成果。

10日 学校召开党委中心组(扩大)理论学习报告会。全体校领导、党委常委、副处级以上领导干部参加了会议。会上,厦门大学高等教育研究院史秋衡教授作了题为《地方大学与一流学科发展战略的若干思考与建议》的专题报告。校纪委书记孔斌向与会人员传达了自治区纪委十一届六次全体(扩大)会议精神和全区贯彻纪检监察干部监督工作座谈会暨推动党风廉政建设"两个责任"落实工作会议精神。

▲ 宁夏大学与Ferrotec(中国)签订合作协议。校长何建国、副校长王春秀、Ferrotec(中国)总裁贺贤汉参加了签字仪式。根据协议,双方将以宁夏银和新能源科技有限公司、宁夏富乐德石英材料有限公司等Ferrotec在宁夏地区的子公司和宁夏光伏材料重点实验室为主要平台,以新能源、新材料及半导体器件等为专业领域,在产、学、研方面展开广泛合作。

12日 中联部研究室正局级参赞孔根红一行到宁夏大学调研。校党委书记金能明、副校长谢应忠及学校相关部门负责人参加了调研座谈。双方就"一带一路"战略实施的思考和建议等问题进行了交流。

▲ 由宁夏大学主办的"一带一路"战略与中国语言文化对阿传播高峰论坛在银川举行,来自各高校及研究机构的语言专家们齐聚一堂,深

入探讨中国语言文化在阿拉伯国家的传播途径，以及如何制定国家语言文化政策提升中国文化软实力。

13日 宁夏大学国家大学科技园（贺兰）大学生创业园揭牌。自治区教育厅副厅长冀永强、人力资源和社会保障厅副厅长孙晓军，银川市委常委、贺兰县委书记李郁华，代理县长刘甲峰，政协主席李辉，贺兰科技创新中心主任朱廷恒，校党委书记金能明、校长何建国、副校长许兴，自治区相关厅局及学校相关部门负责人等参加了合作共建协议签字仪式。根据协议，5年内，贺兰县每年拿出50万元设立宁夏大学国家大学科技园（贺兰）大学生创业园专项扶持资金，宁夏大学则设立10万元大学生赴宁夏大学国家大学科技园（贺兰）大学生创业园引导奖励资金。在项目合作方面，宁夏大学将利用阿语、电商、信息技术等领域人才方面优势，为电商产业发展的路径选择、政策决策等提供智力支持。

15日 云南中医学院纪委书记杨中梁一行到宁夏大学就党风廉政建设及纪检监察审计工作考察学习。校纪委书记孔斌及相关处室负责人与杨中梁一行进行了座谈。

▲ 由自治区公安厅政治部主任冯自保、法制总队政委刘怀峰等4人组成的自治区"六五"普法检查验收组到宁夏大学检查验收普法工作。

15—16日 校党委书记金能明到固原市原州区头营镇三和村看望慰问了宁夏大学驻该村工作队，并就驻村工作进行了调研，并赴泾源县、红寺堡区支教点看望慰问学校第十三届研究生支教团成员。

19日 韩国又松大学副校长甘瑞瑗一行到宁夏大学访问，与校党委副书记王燕昌及相关部门负责人进行了座谈。双方就旅游管理、媒体设计、计算机、电子通信、建筑学等领域开展本科生、研究生短期访学及联合培养等工作进行了友好交流。

20日 台湾树德科技大学校长朱元祥一行到宁夏大学新华学院访问交流，与宁夏大学副校长、新华学院董事长谢应忠进行了座谈交流，双方还签订了学术交流合作意愿书。

22日 由中国少数民族教育学会民族预科教育专业委员会与学校共同主办的全国普通高校民族预科民族理论与民族政策教学观摩研讨会在宁夏大学举行。来自全国22个省份31所高校的70余位民族理论与民族政策方面的专家和教学工作者参加此次研讨会。

27日 校党委书记金能明、校长何建国会见国网宁夏电力公司党委书记张徐东，双方就产学研合作相关事宜进行了交流。

▲ 校党委书记金能明、校长何建国主持召开综合改革方案提纲（草案）征求意见座谈会。党委组织部、人事处、研究生院、计划财务处、科学技术处、资产管理处及后勤集团负责人结合各自部门"十二五"规划指标完成情况和"十三五"规划思路，从综合改革的路径、人才队伍建设、学科建设、科研改革及管理体制等方面，就如何推动学校综合改革，提升学校综合实力做了重点发言。

29日 国家外国专家局文教司司长聂飚在自治区人力资源和社会保障厅党组成员、宁夏外国专家局局长陈放的陪同下到宁夏大学就"一带一路"建设引智工作进行专题调研，校长何建国会见了聂飚一行。聂飚一行与副校长谢应忠及相关部门负责人就"一带一路"建设引智工作进行了深入探讨和交流。

30日 宁夏大学举行新农村发展研究院基地共建签约揭牌仪式。自治区科技厅副厅长张新君，教育厅巡视员冀永强，校领导金能明、何建国、许兴、王春秀及农学院代表、签约单位企业代表等参加了仪式。会上分别签订了《宁夏大学新农村发展研究院现代瓜菜产业综合示范基地合作框架协议》《宁夏光伏农业研究院合作框架协议》《宁夏大学与宁夏中青公司合作成立中青宁大瓜菜研究所合作协议》《宁夏大学与北京普泉科技有限公司合作成立宁大普泉节水设备研究中心合作协议》，宁夏大学新农村发展研究院现代瓜菜产业综合示范基地、宁夏光伏农业研究院、宁夏中青宁大瓜菜研究所、宁大普泉节水设备研究中心同时揭牌。

是月　自治区哲学社会科学规划重点委托项目《〈神秘的西夏〉史学稿本》负责人、学校西夏学研究院院长、博士生导师、"长江学者"杜建录教授正式录制《百家讲坛》，共 10 集，用通俗的语言还原真实西夏。

▲　在 2015 年中国国际飞行器设计挑战赛暨科研类全国航空航天模型锦标赛中，宁夏大学航模队共取得了一等奖 2 项、二等奖 4 项、三等奖 3 项，同时被评为"最佳优秀团队奖"。

11 月

2 日　宁夏大学召开中层领导岗位民主推荐大会，对校党委宣传部部长等 8 个中层领导岗位进行民主推荐。校领导、党委常委、党委委员、纪委委员、各单位党政主要负责人及教代会、工代会代表 93 人参加了民主推荐大会。

3 日　自治区副主席姚爱兴调研学校创新能力建设工作。校党委书记金能明、校长何建国、副校长王春秀陪同调研。姚爱兴一行先后到能源化工（天然气转化）国家重点实验室培育基地、中国阿拉伯研究院了解了相关情况。在汇报会上，何建国校长从科技创新平台与学科建设等方面汇报了学校创新能力建设情况。姚爱兴对学校教学科研工作及创新平台建设给予肯定，希望学校进一步深化综合改革，不断提升学校教学科研水平和协同创新能力，持续为自治区经济社会发展提供支撑。

2—4 日　校长许兴副带队赴厦门大学考察交流。其间，学校能源化工国家重点实验室培育基地与厦门大学固体表面物理化学国家重点实验室签订了伙伴实验室合作协议。根据合作协议，双方将在课题申报、研究、实验室人员交流、资源信息共享等方面开展广泛合作，为宁夏大学申报省部共建国家重点实验室奠定坚实基础。

5 日　由杜建录教授和孙振玉教授分别担任首席专家的"西夏通志"和"伊斯兰教思想中国化的理论与实践"项目获国家社科基金重大招标项目立项，这是继学校 2013 年宁夏国家社科基金重大项目研究实现零的突破之后的又一成果。

6 日　宁夏大学与宁夏师范学院召开联合办学专题工作会议。双方就联合办学及进一步深化合作等工作进行了座谈。宁夏师范学院党委书记李星、党委副书记李龙锦、副院长郎伟，校领导金能明、何建国、王燕昌、王春秀及双方相关部门负责人参加了会议。

9 日　自治区教育厅纪检组对学校"清风校园"建设工作进行专项检查督导，检查了国防生反腐倡廉教育、师德建设和互联网舆情监控的相关情况，并就"清风校园"建设工作听取了汇报。校党委书记金能明、纪委书记孔斌及相关部门负责人参加了汇报会。

11 日　国家自然科学基金委副主任、党组成员何鸣鸿一行到宁夏大学调研。校领导金能明、何建国、许兴、马应虎、孔斌及相关部门负责人参加了调研座谈会。会上，在听取学校国家基金的基本情况汇报后，何鸣鸿希望学校在申请项目和学术研究中进一步加强学科交叉，加强与社会接触，加深对当前领域的研究。

▲　宁夏大学举行省部共建西部能源资源利用与生态化工国家重点实验室申报咨询会。科技

部基础司基地处处长傅小锋，自治区科技厅副厅长李晓波、教育厅巡视员冀永强，青岛科技大学化工学院教授郭庆杰，中石化总工程师谭斌，校党委书记金能明、校长何建国、副校长许兴及相关部门负责人参加了会议。在听取了省部共建国家重点实验室建设申报内容后，各位专家学者就实验室建设的必要性、可行性、实验室定位、研究方向、人才引进、体制机制创新等提出了意见建议。

▲ 宁夏大学与北方民族大学、宁夏师范学院联合举办研究生导师培训。三校2015年新聘任的研究生导师参加了培训。厦门大学研究生院常务副院长陶涛应邀作了题为《遵循人才培养规律，建立正确的师生关系，提高研究生培养质量》的报告。

12日 第二届中非地方政府合作论坛肯尼亚代表团到宁夏大学访问。副校长谢应忠会见了肯尼亚纳库鲁郡郡长一行。双方就开展互派留学生、教师互换及农业食品领域的科研合作等项目进行了交流。

13日 内蒙古巴彦淖尔市委书记何永林一行到宁夏大学新技术应用研究开发中心考察调研节水设备研发、盐碱地改良、环境污染防治等情况。校党委书记金能明、副书记王燕昌、副校长许兴参加了调研活动。

▲ 教育部科技司基础处处长邰忠智为学校科研骨干做科技体制和计划改革的专题讲座。

16日 由学校与中国中东学会共同主办的中阿智库对话——贺兰山论坛在银川举行。来自中国、巴林、沙特、埃及、科威特、苏丹等国的高校、科研院所共150余名学者围绕深化中阿合作、共建"一带一路"等问题深入交流。在开幕式上，宁夏大学阿拉伯问题综合数据平台正式开通。

17日 由宁夏大学中国阿拉伯研究院和宁夏三略律师事务所共同组建的中阿法律咨询服务中心正式成立，该中心为中阿经济技术合作提供法律服务和保障。

26日 自治区党的十八届五中全会精神宣讲团副团长，自治区党委宣传部副部长、网信办主任徐贺来校为师生宣讲党的十八届五中全会精神，并与师生代表互动交流。校领导、副处级以上领导干部、学生代表参加了报告会。

是月 在全区"我的中国梦"主题团日竞赛活动中，农学院学生会团支部举办的"弘扬四进四信，助力中国梦"、教育学院2014级应用心理学专业团支部举办的"敞开你我心，健康成长每一天"、国防生直属团委举办的"聆听中坚定中国梦想，交流中创建美丽校园"3个案例成功进入50个优秀案例，并编入"我的中国梦"主题团日优秀案例集。

▲ 化学工程与工艺专业群，食品科学与工程、机械工程、汉语言文学、电气信息类专业群，数学与应用数学（与宁夏师范学院联合建设）、生物科学专业群，地理科学专业群，新闻学和美术学共10个专业（群）获批"十三五"自治区重点专业建设。

▲ 华中科技大学副校长杨勇、北京普泉科技有限公司董事长董宝青一行在校党委书记金能明的陪同下到宁夏大学与北京普泉科技有限公司联合成立的宁大普泉节水设备研发中心检查指导工作。

▲ 学校健美操队在第十一届中国大学生活力大赛暨中国大学生健美操锦标赛中喜获佳绩，夺得混合五人操冠军，男子三人、女子三人操季军，混合双人操第五名，8人有氧舞蹈及混合双人操第六名。

12月

1—6日 在2015年全区高校篮球联赛暨第十八届CUBA中国大学生篮球联赛宁夏基层赛中，宁夏大学男、女篮双双夺冠。

3—6日　宁夏大学代表队在 2015 年宁夏高校网球比赛中取得优异成绩，获得专业 A 组男子单打前三名、女子单打前三名、男子双打前三名，专业 B 组男子单打前两名，女子单打第一、第三名，男子双打第二名，女子双打第一名，混合双打第一、第二名。

4日　召开部分教学科研单位行政领导班子换届工作动员会。校领导金能明、何建国、王燕昌、许兴、孔斌和首批换届的教学科研单位领导班子成员参加了会议。此次换届工作首批启动包括人文学院、外国语学院、阿拉伯学院、化学化工学院、教育学院 5 个学院，能源化工国家重点实验室培育基地、回族研究院、宁夏大学·岛根大学国际联合研究所、中国阿拉伯研究院、高等教育研究所 5 个科研单位，旨在适应学校事业发展的需要，建设一支素质优良、作风过硬、精干高效、真抓实干的干部队伍。

5—7日，副校长谢应忠率团赴上海参加了主题为"适应需求，融合发展"的第十届孔子学院大会。

6日　学校第六届青年教师教学基本功大赛落幕。该项比赛展示了青年教师精益求精的教学态度和扎实的基本功，为现场观摩教师上了一堂生动的示范课。

8—13日　学校在厦门大学举办了教学管理人员高级研修班。副校长王春秀带领教务处、教师教学发展中心、就业创业指导中心负责人、各学院院长及宁夏师范学院干部，共计 36 人参加了研修学习。

8日　自治区教育厅党组成员、自治区纪委派驻教育厅纪检组长宋志霖到宁夏大学作《中国共产党廉洁自律准则》与《中国共产党纪律处分条例》学习辅导报告。全体校领导、党委常委、副处级以上领导干部和各学院"三办"主任、教工党支部书记、辅导员参加了学习会。

9日　宁夏大学举行 2016 届毕业生冬季校园"双选"洽谈会。此次"双选"洽谈会共 188 家区内外企业参会，为毕业生提供了 4500 多个就业岗位。

▲　第十一届全区大学生校园文化艺术节系列活动之国学知识竞赛在宁夏大学举行。区内高校师生代表 200 余人参加比赛。最终，宁夏大学代表队摘得桂冠。

11日　学校向统战人士通报 2015 年建设发展情况。校领导金能明、何建国、赵利宁、许兴与学校各民主党派、团体领导班子成员及代表，副处级以上党外干部，各级人大代表，政协委员，少数民族教职工代表，归国留学人员代表参加了通报会。

15日　校长何建国、校党委副书记王燕昌、副校长王春秀到中卫校区调研指导工作，与中卫校区负责人等召开了建设发展座谈会。与会人员就中卫校区办学定位、建设目标、专业设置、人才培养方式、课程体系建设等问题进行了深入探讨。

16日　宁陕对口高校合作协议签约仪式在自治区教育厅举行，学校与西北农林科技大学、西安电子科技大学签订了合作框架协议，结成合作关系。自治区教育厅厅长郭虎、巡视员冀永强，陕西省教育厅副巡视员高晶华及两省区相关高校领导参加了签约仪式。签约仪式后，陕西省教育厅、西北农林科技大学、西安电子科技大学领导到宁夏大学参观考察了农学院、西部特色生物资源保护与利用重点实验室及能源化工重点实验室。

17日　由中国水力发电工程学会、潘家铮水电科技基金管理委员会、清华大学联合主办的第七届潘家铮水电奖学金颁奖典礼在清华大学举行。学校土木与水利工程学院 2012 级农业水利班王飞奇、2012 级水利水电班杜飞飞同学荣获"潘家铮水电奖学金"。

20—22 日　宁夏大学参展了第十七届中国留学人员广州科技交流会。校长何建国、校党委副书记王燕昌及人事处、科技处、社会服务处相关负责人参加了大会。会议期间,学校对参会海外高层次人才、部分参会高校、企业人员系统介绍了学校近年来重大科研项目实施与取得的成果、平台建设、人才引进政策、创新团队建设等方面情况。同时,学校参会人员还就科研发展状况、创新创业活动开展情况、海外高层次人才引进政策等与国内部分参会高校进行了深入交流。

21 日　校长何建国、校党委副书记王燕昌一行访问华南理工大学现代食品工程研究院。何建国一行参观了现代食品工程研究院相关实验室,并观摩了演示实验。随后,双方进行了座谈。

▲　自治区第五届全国道德模范事迹报告会在宁夏大学举行,300 余名师生聆听了报告。

22 日　自治区党委常委、统战部部长马廷礼一行到宁夏大学调研。校领导金能明、赵利宁、孔斌、王春秀陪同调研。马廷礼一行调研了新技术应用研究开发中心、中国阿拉伯研究院,参观了宁大普泉节水设备研究中心。在随后召开的座谈会上,学校统战部负责人、6 个民主党派负责人及无党派和归国留学人员代表汇报了相关情况,自治区统战部副部长魏莉对学校统战工作给予了充分肯定。

25 日　宁夏法学会宁夏区域法治发展协同创新研究会成立大会在宁夏大学召开。来自宁夏大学、自治区党校、北方民族大学、宁夏司法警官职业学院等高校和自治区立法、执法、司法、律师事务所等部门的 81 位理事参加了会议。宁夏法学会秘书长李跃先、校纪委书记孔斌参加了成立大会。该研究会旨在建成宁夏法学理论研究的新高地、宁夏高端法律人才培养的新园地、宁夏法治决策咨询服务的新基地和宁夏法学学科建设的新阵地。

29 日　宁夏大学党委常委领导班子召开"三严三实"民主生活会。会议通报了学校党委常委领导班子 2014 年度民主生活会整改措施落实情况和 2015 年党委常委领导班子征求意见情况。会上,校党委书记金能明代表校党委常委领导班子做对照检查。其他常委班子成员也分别就"三严三实"突出问题进行对照检查。随后,常委班子成员间开展了严肃的相互批评。

30 日　自治区党委副书记崔波在自治区教育厅厅长郭虎、教育工委副书记赵建峰等人的陪同下到马克思主义学院就高校开设民族宗教理论与政策教育课情况进行调研。校党委书记金能明、校长何建国、校党委副书记王燕昌与马克思主义学院教师代表参加了座谈。座谈会上,崔波听取了关于民族宗教理论与政策课的有关汇报,希望宁夏大学当好旗手,在教材教辅体系建设、授课方式、师资队伍、学科建设方面不断总结经验,提升水平。

是月　校党委书记金能明率团访问埃及、摩洛哥。出访期间,代表团拜会了中国驻亚历山大总领馆总领事徐南山,访问了亚历山大大学、苏伊士运河大学、哈桑一世大学,并看望慰问了在这些高校访学的学生。